FORJADO POR EL PADRE

Otros libros de John Eldredge

Todas las cosas nuevas

Cautivante
(con Stasi Eldredge)

Majestuoso

Mata a tu león

Mueve montañas

Camine con Dios

El despertar de los muertos

El sagrado romance
(con Brent Curtis)

Salvaje de corazón

JOHN ELDREDGE

APRENDE LO QUE TU PADRE
JAMÁS PUDO ENSEÑARTE

FORJADO POR EL PADRE

GRUPO NELSON
Una división de Thomas Nelson Publishers
Desde 1798

NASHVILLE MÉXICO DF. RÍO DE JANEIRO

Publicado en Nashville, Tennessee, Estados Unidos de América.
Grupo Nelson es una marca registrada de Thomas Nelson.
www.gruponelson.com

Título en inglés: *Fathered by God*

Publicado por Thomas Nelson

Editora en Jefe: *Graciela Lelli*
Traducción: *Juan Carlos Martín Cobano*
Adaptación del diseño al español: *Grupo Nivel Uno, Inc.*

ISBN: 978-1-41859-943-0

Impreso en Estados Unidos de América
18 19 20 21 LSC 9 8 7 6 5 4 3 2 1

A mi padre

Contenido

Cómo quisiera tratarte como a un hijo...

—Jeremías 3.19

Introducción

Una de las experiencias más cautivadoras que he tenido en mi vida como varón tuvo lugar en un día de principios de verano en Alaska. Mi familia y yo estábamos navegando en kayak avistando ballenas en el Icy Strait y nos detuvimos en la orilla de la isla de Chichagof para comer. Nuestro guía nos ofreció ir a acampar al interior de la isla, en un claro donde se sabía que iban los osos grizzli a comer. A todos nos pareció bien. Tras veinte minutos de caminar por un bosque de abetos llegamos a lo que parecía ser un prado abierto de unos cuatrocientos metros. Como era mediodía y hacía calor, no había osos a la vista. «Ahora están durmiendo, toda la tarde. Regresarán por la noche. Vengan, voy a enseñarles algo» dijo el guía.

La pradera era poco más que una ciénaga, una jungla de sotobosque de poca altura, de unos treinta centímetros, con apenas un palmo más de musgo empapado y turba por debajo. Un lugar muy difícil para caminar. Nuestro guía nos condujo hasta una vereda compuesta por lo que parecían ser huellas de un grupo numeroso, con una separación de medio metro entre ellas, que dejaban aplastada la ciénaga y habían formado un camino por ella. «Es una vereda marcada», dijo. Un camino creado por las pisadas de los osos. «Este en particular puede que tenga siglos de antigüedad, porque los osos han caminado por él desde que habitaron esta isla. Los oseznos siguen a sus adultos, poniendo sus patas exactamente donde los mayores han pisado. Así es como aprenden a cruzar este lugar».

Comencé a caminar por la vereda marcada, pisando sobre las firmes, bien marcadas huellas que los osos habían producido a lo largo de siglos. No estoy seguro de cómo describir la experiencia, pero por alguna razón me vino a la mente la palabra *santo*. Un antiguo y temible paso a través de un lugar salvaje e indómito. Estaba siguiendo un camino válido, dejado por aquellos que eran mucho más preparados y fuertes que yo en este lugar. Aunque sabía que yo no pertenecía a ese lugar, me sentía cautivado por él, podría haberlo seguido durante mucho, mucho tiempo. Aquello despertó un antiguo y profundo anhelo en mi interior.

Este libro es acerca de lo que consiste convertirse en hombre y, más concretamente, de *cómo* convertirse en un hombre. Este material se había publicado anteriormente bajo el título de *La travesía del corazón salvaje,* pero nos dimos cuenta de que muchos hombres (y mujeres) no recibieron el mensaje por lo que lo volvemos a presentar. No hay empresa más arriesgada que la tarea de «hacerse hombre», está llena de peligros, engaños y desastres. Es el Gran Juicio de la vida de todo hombre que se desenvuelve en el tiempo y cada joven ù hombre maduro se encuentra en esta travesía. Aunque hay algunos pocos que encuentran la salida. Nuestra peligrosa travesía se ha complicado mucho debido a que vivimos en un tiempo con gran escasez de dirección, una época con muy pocos padres que nos muestren el camino.

Como hombres, necesitamos desesperadamente algo parecido a esa vereda marcada en la isla de Chichagof. No necesitamos más reglas, ni otra lista de principios, ni fórmulas. Necesitamos un paso seguro, marcado por hombres que nos precedieron durante siglos. Creo que podemos encontrarlo.

Lo que en este momento tiene usted en sus manos es un mapa. Contiene la crónica de las etapas de la travesía del varón desde que es niño hasta la edad madura. No es un libro de psicología clínica, ni un manual para el desarrollo infantil. Por una razón, yo no estoy cualificado para escribir ese tipo de libro. Además, me parecen ilegibles. Aburridos. ¿Qué recuerda usted de sus libros de psicología de la enseñanza secundaria o universitaria? Por el contrario, los mapas me encantan, como a la mayoría de los hombres. El placer de un mapa estriba en que nos presenta el estado de las cosas y uno tiene que elegir acerca de cómo atravesar el terreno que tiene delante. Un mapa es una guía, no una fórmula. Ofrece libertad.

No le dice a qué velocidad debe usted caminar, aunque cuando usted ve que las líneas de altitud están demasiado cercanas significa que está entrando en un terreno abrupto y tiene que adecuar el paso. No le explica por qué esa montaña está allí o qué antigüedad tiene ese bosque. Le dice cómo llegar a donde usted se dirige.

Con frecuencia me he preguntado sobre las largas listas que se encuentran en muchas partes de la Biblia que hablan de una serie de hombres como «el hijo de tal y tal, que fue hijo de tal y tal». Usted puede encontrar muchos listados de éstos en las Escrituras y en muchos otros textos de la literatura antigua. Tal vez estos relatos revelen algo que no habíamos notado antes: la perspectiva paterna del mundo que mantenían quienes lo escribieron, compartida por quienes los leyeron. Quizás ellos vieron en el legado padre-hijo el más significativo de todos los legados, conocer al padre de un hombre era en gran parte conocer a dicho hombre. Y entonces, si retrocede usted un paso más para echar un vistazo, verá que el Dios de la Biblia se describe como un gran Padre; no primordialmente como madre, ni meramente como Creador, sino como Padre.

Eso abre un nuevo horizonte ante nosotros.

Ya ve, el mundo en que vivimos ha perdido algo vital, algo crucial para entender la vida y el lugar del hombre en ella. Porque el tiempo en que vivimos, como dijo el profeta social Alexander Mitcherlie, es un tiempo sin padres. Lo digo en dos sentidos. Primero, la mayoría de hombres y de muchachos no tienen un padre real capaz de guiarlos por las selvas del viaje masculino y son —somos la mayoría— hombres incompletos y desprovistos de padre. O muchachos. O muchachos en cuerpos de hombres. Pero la expresión «un tiempo sin padres» posee un significado más profundo. Nuestra forma de mirar el mundo ha cambiado. Ya no vivimos, ni como sociedad ni como iglesia, con una perspectiva de Padre en la visión del mundo, con una perspectiva centrada en la presencia de un padre amoroso y fuerte, profundamente ocupado en nuestras vidas, a quien en cualquier momento nos podemos volver en busca de la guía, el consuelo y la provisión que necesitamos.

Y eso es de hecho una ocasión para la esperanza. Porque la vida que usted ha conocido como hombre *no* es todo lo que hay. Hay otro camino. Hay un sendero marcado por hombres que durante siglos nos han precedido. Es una vereda marcada. Y hay un Padre dispuesto a mostrarnos ese camino y ayudarnos a seguirlo.

I La travesía masculina

Deténganse en los caminos y miren; pregunten por los senderos antiguos. Pregunten por el buen camino, y no se aparten de él. Así hallarán el descanso anhelado.

—Jeremías 6.16

Yo solo intentaba arreglar los aspersores.

Un trabajo de fontanería bastante sencillo. El tipo que vino a purgar nuestra instalación y limpiarla para el invierno me dijo en otoño que había una grieta en «la válvula principal», y debía cambiarla antes de que volviera a funcionar con agua el verano siguiente. Los últimos días había estado haciendo calor, alrededor de los 30 °C, inusual en Colorado en mayo—, y yo sabía que si no volvía a regar mi jardín pronto parecería el desierto de Gobi. Sinceramente, estaba ansioso por ponerme a trabajar en ello. De veras. Disfruto con casi todas las tareas de exteriores, disfruto con el sentimiento de haber triunfado sobre algún pequeño contratiempo, con restaurar el bienestar en mis dominios. Reminiscencias de Adán, supongo: gobernar y subyugar, ser fructífero, todo eso.

Desenganché la válvula metálica de la instalación al lado de la casa, fui a la tienda de artículos de fontanería para comprar una nueva. «Necesito una como ésta», le dije al tipo que había tras el mostrador. «Esto es una válvula reductora», contestó, con cierto toque condescendiente. De acuerdo, no lo sabía. Soy un aficionado. No importa, estoy listo. Válvula en mano, volví a casa para acometer el proyecto. Surgió un nuevo desafío: soldar un tubo de cobre con una pieza de cobre que llevaba el agua de la casa a los aspersores, cuya presión debía reducir con la válvula que tenía en mi haber. Parecía bastante sencillo. Incluso seguí las instrucciones que acompañaban al soplete de butano que compré (lo de seguir las instrucciones es algo que hago solo cuando un proyecto ha llegado al nivel de colisión múltiple en un circuito de carreras, pero este terreno era desconocido para mí y la válvula era cara, de modo que no quería echarlo todo a perder). Quedó claro que no podía hacerlo, no podía conseguir soldar las uniones como hacía falta para evitar pérdidas.

De repente, me puse furioso.

Ahora bien, normalmente entraba en cólera en seguida, a veces con la violencia de un adolescente, emprendiéndola a puñetazos con la pared de mi cuarto, a patadas con las puertas. Pero los años habían tenido su efecto suavizador y, por la gracia de Dios, también había notado la influencia santificadora del Espíritu, de modo que esa furia me sorprendió. Me sentía... desproporcionado en relación con el asunto. No puedo soldar una tubería. ¿Y…? *Nunca antes lo había hecho. No era razonable tomárselo tan a pecho.* Pero no era precisamente la razón quien gobernaba la situación, así que entré airado en casa en busca de alguna ayuda.

Como muchos hombres de nuestra cultura —solitarios sin un padre a mano a quien preguntar cómo se hace esto o aquello, ningún otro hombre cerca, o con demasiado orgullo como para preguntar a los que le rodean— me metí en la Internet, encontré uno de esos sitios donde explican cosas del tipo de cómo superar los problemas domésticos de cañerías, miré un pequeño video sobre cómo soldar una tubería de cobre. Me sentí... raro. Estoy intentando hacer mi papel de hombre y arreglar mis aspersores pero no puedo y no hay otro hombre aquí que me pueda mostrar la manera. Estoy observando un video para los que tienen problemas de mecánica y me siento como si fuera un niño de diez años. Unos dibujos animados para un hombre que en realidad es un chico. Armado con la información y mi tambaleante confianza, regresé afuera, lo intenté de nuevo. Volví a fallar.

Al final del primer asalto me sentía sencillamente como un idiota. Ahora me siento como un idiota condenado al fracaso. Y estoy que echo chispas. Consejero y autor, de oficio y por intuición, casi siempre estoy observando mi vida interior con los ojos de una parte de mí que se despega. Vaya, dice esa parte de mí. *Fíjate en esto. ¿Qué es lo que te pone así?*

Voy a contarte qué es lo que me pone así. Hay dos razones. Primero, estoy hecho trizas porque no hay nadie cerca que me muestre cómo hacer esto. ¿Por qué tengo siempre que resolver estas cosas yo solo? Estoy seguro que si hubiera aquí alguien que supiera cómo hacerlo, habría echado un vistazo y me habría dicho lo que estoy haciendo mal, y sobre todo cómo hacerlo bien. Juntos habríamos resuelto el problema en un santiamén y mi patio estaría a salvo, y algo se sentiría mejor en mi alma.

También me siento mal porque no puedo hacerlo por mí mismo, me fastidia *necesitar* ayuda. Hace tiempo que decidí vivir sin necesitar ayuda, me prometí arreglar cualquier cosa por mí mismo. Es una promesa común, y terrible, que ha dejado huérfanos que se encuentran solos como muchachos y deciden que en realidad no hay nadie cerca, que los hombres son especialmente dignos de muy poca confianza, así que hágalo usted mismo. También estoy enojado con Dios pensando en por qué tiene que ser tan difícil. Ya sé, esto era mucho para un intento fallido de arreglar los aspersores, pero podría haber pasado con una docena de situaciones más. Los impuestos. Hablar con mi hijo de dieciséis años sobre las citas. Comprar un coche. Adquirir una casa. Un traslado laboral. Cualquier prueba en la que se requiere que represente el papel de hombre, pero en la que inmediatamente siento esa fastidiosa sensación de *No sé cómo va a salir esto. Estoy solo en esto. No sé cómo voy a resolverlo*.

Y esto también lo sé: sé que no estoy solo en mi sentimiento de soledad. La mayoría de los que conozco se ha sentido así en algún momento.

Mi relato no acaba aquí. Tenía que dejar el proyecto y volver al trabajo, con el soplete, la tubería y las herramientas en el porche a merced de la lluvia (digo a merced porque solo tenía veinticuatro horas para arreglarlo antes de que mi jardín se quedara seco). Tenía que hacer una llamada importante a las cuatro de la tarde, de modo que programé mi reloj de alarma para no olvidarme. Hice la llamada, pero no me di cuenta de que la alarma no había sonado. Eso ocurrió a las cuatro de la madrugada siguiente (no me había percatado de las letritas «a. m.» junto a los dígitos 4:00

cuando lo programé). Me fui a la cama sin ninguna decisión interna ni de otro tipo, y sonó: me desperté de un profundo sueño a las cuatro de la mañana para enfrentarme a ella, y a todas mis incertidumbres. Un golpe ruidoso, igual de repentino me golpea este pensamiento: *Hazlo bien.*

Este es quizás el compromiso definitorio o la fuerza motriz de mi vida adulta: estás solo en este mundo y te conviene estar atento porque no hay lugar para el error, así que Hazlo Bien. El observador distanciado que hay en mí dice: *Vaya, esto es muy importante. Has dado con la veta principal. Lo que quiero decir es ¡caray! (esto ha definido tu vida entera y nunca lo has expresado en palabras). Y ahora aquí lo tienes y sabes de qué se trata ¿no?* Tendido en la oscuridad de mi habitación, Stasi dormida junto a mí, el sistema de aspersores esparcido miserablemente al otro lado de mi ventana, yo sé de qué se trata todo esto. Se trata de la carencia del padre.

Hombres incompletos

Un muchacho tiene mucho que aprender en este viaje para convertirse en hombre, y se hace un hombre únicamente mediante la intervención activa de su padre y la compañía de otros hombres. No puede ser de otra manera. Para hacerse un hombre, y saber que se *ha* convertido en tal—, el muchacho debe tener un guía, un padre que quiere mostrarle cómo se arregla una bicicleta, cómo se lanza la caña de pescar, cómo se llama a una chica, cómo se consigue un trabajo y toda la cantidad de cosas que el muchacho encontrará en su travesía para ser un hombre. Esto hay que entenderlo: la masculinidad se *confiere.* El chico aprende quién es y de qué está hecho gracias a un hombre (o una compañía de ellos). No puede aprenderlo en ningún otro contexto. No puede aprenderlo de otros muchachos ni del mundo de las mujeres. Robert Bly apunta: «La forma tradicional de educar a los hijos, que ha perdurado miles de años, consiste en padres e hijos que viven en una estrecha, extremadamente estrecha, proximidad, mientras el padre enseña al hijo un oficio: puede ser el de la granja, la carpintería, la herrería o los telares».

Cuando yo era joven, mi padre me iba a llevar de pesca el sábado temprano. Pasamos allí horas juntos, en un lago o un río, intentando atrapar algún pez. Pero el pez nunca era lo principal. Lo que yo anhelaba era su presencia, su atención y que disfrutara conmigo. Deseaba que me enseñara cómo, que me mostrara por dónde. Aquí hay que tirar el sedal. Así es como se prepara el anzuelo. Si puede usted encontrar un grupo de hombres hablando sobre sus padres, podrá escuchar este profundo anhelo del corazón masculino. «Mi padre solía llevarme con él al campo». «Mi padre me enseñó a jugar a hockey, en la calle». «Yo aprendía a construir con mi padre». Sean cuales sean los detalles, cuando un hombre habla del don más preciado que su padre le entregó —si es que el padre le dio algo digno de recordar— siempre habla del traspaso de la masculinidad.

Esto es esencial, porque la vida les pondrá a prueba, hermanos. Como un barco en el mar, *van* a ser probados, y las tormentas revelarán los puntos débiles que tienen ustedes como hombres. Y los tienen. ¿Cómo explicar si no la furia que les invade, el miedo, la vulnerabilidad ante ciertas tentaciones? ¿Por qué no pueden casarse con la amada? Una vez casados, ¿por qué no pueden tratar con las emociones de ella? ¿Por qué no han encontrado la misión de sus vidas? ¿Por qué sus crisis económicas les colocan en cólera o depresión? Saben de qué estoy hablando. Y por eso nuestro acercamiento fundamental a la vida se reduce a esto: nos afincamos en lo que podemos controlar y nos alejamos de todo lo demás. Nos involucramos en lo que sentimos que podemos o debemos hacer, como el trabajo, y nos refrenamos de todo aquello en lo que estamos seguros de fallar, como en las aguas profundas de la relación con nuestra esposa o hijos, y en nuestra espiritualidad.

Ya ve, lo que hoy tenemos es un mundo de hombres no iniciados. Hombres parciales. Muchachos, la mayoría, que van por ahí en cuerpos de hombres, con trabajos y con familias, finanzas y responsabilidades de hombres. Nunca se llevó a cabo el traspaso de la masculinidad, ni siquiera empezó. El muchacho nunca fue conducido por el proceso de la iniciación masculina. Esa es la razón por la que muchos de nosotros somos Hombres Incompletos. Y, en consecuencia, somos incapaces de vivir verdaderamente *como* hombres en los desafíos de la vida. Y somos incapaces de pasar a nuestros hijos e hijas lo que *ellos* necesitan para ser hombres y mujeres completos y santos.

Al mismo tiempo están esos chicos y jóvenes y hombres de nuestra edad cerca de nosotros que viven en necesidad —profunda necesidad— de alguien que les muestre el camino. ¿Qué significa ser un hombre? ¿*Soy* yo un hombre? ¿Qué puedo hacer en tal o cual situación? Estos chicos están creciendo como hombres inseguros porque las cuestiones clave de sus almas siguen sin respuesta, o con malas respuestas. Crecen para ser hombres que actúan, pero sus acciones no tienen raíces en una genuina fuerza, sabiduría y bondad. No hay nadie cerca que les enseñe el camino.

La iniciación masculina es una travesía, un *proceso*, una búsqueda más bien, una historia que se desarrolla en el tiempo. Vivir una bendición o un ritual, escuchar palabras dirigidas a nosotros en una ceremonia de cierta clase, pueden ser acontecimientos muy hermosos y poderosos. Tales momentos pueden ser puntos de inflexión en nuestra vida. Pero no son más que momentos, y los momentos, como usted bien sabe, pasan rápido y se diluyen en el río del tiempo. Necesitamos algo más que un momento o un acontecimiento. Necesitamos un proceso, un viaje, una historia épica de muchas experiencias entretejidas, complementándose unas con las otras hacia una progresión. Necesitamos *iniciación*. Y necesitamos un Guía.

Criado en el río Platte Sur

Me trasladé a Colorado en agosto de 1991. Había muchas razones para mudarme de Los Ángeles: un trabajo, una experiencia en la escuela de posgrado, una huida de la casi interminable asfixia del asfalto, humo, centros comerciales de Los Ángeles; pero subyacía un deseo más fuerte de llegar a las montañas y a los espacios abiertos, de introducirme en la naturaleza agreste. No podría haberlo expresado así en aquel tiempo, pero mi alma ansiaba emprender el viaje masculino que se abortó en mi temprana adolescencia. Y junto a eso, quería dedicarme a la pesca con mosca.

Me trasladé a Colorado en agosto de 1991. Había muchas razones para mudarme de Los Ángeles: un trabajo, una experiencia en la escuela de posgrado, una huida de la casi interminable asfixia del asfalto, humo, centros comerciales de Los Ángeles; pero subyacía un deseo más fuerte de llegar a las montañas y a los espacios abiertos, de introducirme en la naturaleza agreste. No podría haberlo expresado así en aquel tiempo, pero mi alma ansiaba emprender el viaje masculino que se abortó en mi temprana adolescencia. Y junto a eso, quería dedicarme a la pesca con mosca.

En mi juventud, mi padre y yo pescábamos juntos, y aquellos recuerdos estaban entre los mejores que tenía de él. Me enseñó primero a pescar con lombriz como cebo, y después a lanzar la caña. Él no era pescador con mosca, pero yo sí quería serlo. Hacia los veinticinco años de edad, compré mi propia caña con carrete y comencé a intentar aprender por mi cuenta (un medio por el cual, desgraciadamente, he aprendido la mayor parte de lo que sé en la vida). A menudo nos referimos al hombre que consigue eso como hombre «hecho a sí mismo». El apelativo suele usarse con un sentido de admiración, pero en realidad debería emplearse con el mismo tono que usamos al hablar de alguien que partió antes de hora, o de alguien que acaba de perder un brazo: con tristeza y lamento. Lo que realmente significa la expresión es «hombre huérfano que descubrió cómo dirigir parte de su vida por sí mismo».

Volviendo a la pesca con mosca, cuando llegamos a Colorado supe de una parte del río Platte Sur conocida por su reputación como sueño de los pescadores con mosca. «La milla milagrosa», había pasado sus días de moda, pero seguía siendo un destino escogido por los mejores pescadores con mosca, así que allá fui. Es un precioso tramo de río que discurre por amplias haciendas entre dos represas. Las orillas son llanas y espaciosas, con tan solo algún sauce ocasional: un lugar clemente para que un novato aprenda a lanzar la caña. Pasé casi toda una mañana en el río, viendo truchas a mi alrededor pero incapaz de pescar ni una. Cada vez que miraba río arriba allí estaba ese tipo, con la caña muy arqueada, riendo y gritando de alegría mientras guardaba una nueva trucha arco iris enorme en su red. Al principio tuve envidia. Después empecé a odiarlo. Finalmente, opté por la humildad y quise observarlo un rato, intentando aprender de lo que él hacía.

Permanecí de pie a una distancia respetuosa en la orilla, sin querer parecer un entrometido en su apreciado punto de pesca, y me senté para observar. Se dio cuenta de mi presencia y, después de lanzar dos o tres veces y enganchar otro ejemplar, se volvió hacia mí y dijo: «Venga». No recuerdo su nombre, pero me contó que era guía profesional de pesca con mosca y que ese lugar era el que más le gustaba para pescar en sus días libres. Me preguntó cómo me iba.

Permanecí de pie a una distancia respetuosa en la orilla, sin querer parecer un entrometido en su apreciado punto de pesca, y me senté para observar. Se dio cuenta de mi presencia y, después de lanzar dos o tres veces y enganchar otro ejemplar, se volvió hacia mí y dijo: «Venga». No recuerdo su nombre, pero me contó que era guía profesional de pesca con mosca y que ese lugar era el que más le gustaba para pescar en sus días libres. Me preguntó cómo me iba.

—No muy bien.

—Déjeme ver sus aparejos.

Le acerqué mi caña.

—Ah... bueno, lo primero, es que su guía no es lo bastante larga.

Antes de poder justificarme por ser un pescador tan inepto, él ya había sacado unas tijeritas y había cortado completamente mi guía. Entonces ató una nueva con tal rapidez que me quedé sin habla.

—¿Qué tipo de moscas está usando?

—Estas —dije mansamente, sabiendo bien que no eran las adecuadas porque ya imaginaba que todo lo que hacía estaba mal.

—En esta época del año le conviene usar éstas —dijo con la clemencia de no hacer comentario sobre mis moscas, y sacó unos mosquitos de su chaleco para dármelos. Enganchó uno en mi anzuelo y después comenzó a mostrarme cómo pescar el apreciado objetivo.

—Colóquese aquí, a mi derecha.

Si un pescador con mosca es diestro, el instructor suele ponerse cerca a su izquierda de manera que al lanzar no le dé en la oreja o en la nuca.

—Ahora, la mayoría de personas usan una boya cuando pescan con la mosca debajo de la superficie, me sentí bien de saber al menos eso, lo había leído en un libro. Pero eso no nos ayudará mucho. Debe usted saber que así no habrá movimiento.

El éxito en la pesca con mosca radica en muchos detalles, pero el principal es la capacidad para presentar su mosca con naturalidad ante el pez, lo que significa que debe moverse por la corriente de la misma forma que la comida real que el pez ve cada día, sin ningún tirón o movimiento brusco contrario a la velocidad y dirección de la corriente.

—El secreto es usar dos, hasta tres, así.

Tras unos diez minutos de entrenamiento, salió del agua para observarme, igual que un padre que ha enseñado a batear a su hijo se aparta un poco para observarlo, deja al chico hacer un par de intentos él solo. Pesqué una trucha y la posé en el suelo. Él regresó al agua para enseñarme cómo liberarla.

Normalmente beso a la mía en la frente. Superstición.

Besó a una trucha arco iris de gran tamaño en la frente y la liberó en las frías aguas.

—Diviértase —dijo, y sin mirar atrás se fue río abajo hacia el lugar donde yo había estado antes intentando pescar. Empezó a pescar allí, una tras otra. Yo también conseguí algunas. Y aunque eso me hacía feliz, había una satisfacción más profunda en mi alma mientras permanecía de pie en el río, pescando como es debido. Acababa de tocar, y bien, algún tipo de necesidad primaria. Mientras manejaba de vuelta a casa supe que el regalo me lo había hecho Dios, que él me había enseñado como un padre a un hijo a través de ese hombre.

Iniciación

No se nos da a entender que hayamos de resolver nuestra vida por nosotros mismos. Dios quiere criarnos. La verdad es que él *ha* estado criándonos como padre durante mucho tiempo; lo que ocurre es que no hemos tenido ojos para verlo. Él quiere criarnos como padre con mucha más intimidad, pero tenemos que estar en posición para recibirlo. Lo que implica es una nueva forma de ver, una reorientación fundamental de la manera como miramos la vida y nuestra situación en ella. En primer lugar, admitimos que somos hombres incompletos, parciales, con un muchacho dentro, y necesitamos *iniciación*. La necesitamos en muchas, muchas maneras. En segundo lugar, nos damos media vuelta desde nuestra independencia y desde todas las formas en que o bien cargamos con la vida o nos evadimos de ella; esta puede ser una de las más básicas y más cruciales maneras en que un hombre se arrepiente. Digo: «se arrepiente», porque nuestra manera de abordar la vida se basa en la convicción de que Dios, para la mayoría, no nos muestra mucho. Entiendo de dónde viene esa convicción, yo mismo lucho constantemente con ella, pero en silencio. Falta de fe ¿no? Tenemos que estar dispuestos a asumir un enorme riesgo y abrir nuestros corazones a la posibilidad de que Dios *está* iniciándonos como hombres, tal vez incluso en aquellas cosas en las que creemos que nos ha abandonado. Nos abrimos para ser criados por un padre.

De acuerdo, eso no llega con facilidad. A lo largo de nuestros días aprendemos una especie de desconfianza fundamental, edificada sobre esa desconfianza ancestral en Dios que hemos heredado de Adán. Cambiar esa disposición puede parecer complicado. Como dice Gerald May, cuanto más nos hemos acabado acostumbrando a buscar la vida aparte de Dios, más «anormal y agobiante» nos parece «buscar directamente a Dios». *Especialmente* como Padre que se encargue de nosotros. Pero vale la pena. *Vale la pena.* Vale la pena dejar que nos críe como padre, aceptar que esta nueva forma de vida supondrá algunos ajustes, y tomar la postura de hacer lo que haga falta para realizar esos ajustes.

Lo que sugiero es que cambiemos la manera como miramos nuestras vidas desde nuestra condición masculina. Y la forma en que miramos nuestra relación con Dios. También quiero ayudarle a cambiar la forma como ustedes se relacionan con otros hombres, sobre todo ustedes que son padres que se preguntan cómo educar a los chicos. La elaboración del nuevo marco empieza cuando vemos que la vida de un hombre es un proceso de iniciación hacia la verdadera masculinidad. Se trata de una serie de etapas que adquirimos y a través de las cuales progresamos. Y en cuanto a Dios, creo que lo que *primordialmente* Dios tiene entre manos en cualquier momento de la vida de un muchacho o de un hombre es su iniciación. Buena parte de lo que malinterpretamos como líos, pruebas o enredos de nuestra parte son de hecho pruebas de que Dios nos está enseñando como Padre, nos está conduciendo por alguna situación que nos va a fortalecer, nos va a sanar o va a deshacer algo impuro dentro de nosotros. En otras palabras, nos está iniciando, una aventura distintiva masculina.

Las etapas

Si tuviera que presentarle un bosquejo a grandes trazos de la travesía masculina, creo que esta sería la forma como se desarrolla, o mejor dicho, cómo se *entiende* que se desarrolla: del niño al *cowboy* al guerrero al enamorado al rey al sabio. Todo en el transcurso de unos dieciocho años, más o menos dos décadas.

Ahora bien, debo rápidamente añadir que no se puede asociar una edad exacta con cada etapa. Se solapan y comparten características. Observe a un muchacho durante una tarde (muy buena idea si ya ha pasado tiempo desde que dejó usted esa edad) y verá al guerrero, al *cowboy* y al rey. Todavía es un niño y como tal debe vivir durante estos años. Si a un chico le pedimos que sea rey demasiado pronto le hacemos mucho daño, lo que sucede cuando un padre abandona a su familia y sale de casa con las palabras de despedida: «Ahora tú eres el hombre de la casa». Es un acto cruel, pero más crueles aún son esas palabras, porque el chico todavía no se ha hecho un hombre, no ha aprendido todavía las lecciones de la etapa de muchacho y de hombre joven. Todavía no ha sido guerrero, ni enamorado, y no está en absoluto listo para ser rey.

Cuando le pedimos eso, le estamos produciendo una herida equivalente a una maldición, porque en un momento lo dejamos desprovisto de su infancia y le pedimos que se salte etapas de la madurez masculina, algo que ningún hombre puede hacer. No, hay pasos que se deben dar. Hay un camino, no una fórmula. Un camino. Cada etapa tiene sus propias lecciones para aprender, y cada etapa puede dañarse o interrumpirse, lo que deja al sujeto en crecimiento con un alma sin desarrollar. Luego nos preguntamos por qué se quiebra de repente cuando tiene cuarenta y cinco años, como un árbol que encontramos derribado en el patio después de una noche de vendavales. Salimos a inspeccionarlo y descubrimos que sus raíces no habían profundizado en la tierra, o quizás estaba podrido por dentro, debilitado por alguna enfermedad, o seco. Así son las entrañas del Hombre Incompleto.

Para empezar, tenemos la Infancia, una época de preguntas y exploración. Un tiempo de fortalezas hechas de árboles y cómics, renacuajos y helados de agua. Una vieja rima infantil en inglés lo expresa como *Snakes and snails and puppy dog tails* [Culebras y caracoles y colas de cachorros]. Por encima de todo, es la época en que corresponde ser el hijo amado, la niña de los ojos de papá. Es un tiempo de afirmación. Aunque mantengo la premisa que expongo en *Salvaje de corazón*: que todos los hombres comparten la pregunta más profunda de su corazón, que dice algo así como: «¿Tengo lo que se requiere?». Creo que esa pregunta es mucho más urgente para la etapa de *cowboy* y posteriores. Previa y subyacente a esta pregunta y a la búsqueda de validación está una necesidad más profunda: saber que se le aprecia, que es motivo de deleite, que es el hijo amado. Es nuestra necesidad del amor del padre.

La etapa del *cowboy* viene a continuación, hacia el período de la adolescencia (los trece parece ser la edad de transición) y dura hasta poco antes o después de los veinte. Es la época de aprendizaje de lecciones del campo, un tiempo de grandes venturas y pruebas, y también una época de trabajo duro. El joven aprende a cazar, a lanzar una bola con efecto o a domar un caballo. Consigue su primer auto y, con él, un nuevo horizonte. Sale solo a los bosques, viaja a Europa, se hace soldado o bombero paracaidista. Es una época de audacia y peligros, un tiempo para aprender que sí tiene lo que se requiere.

A veces, a finales de su segunda década, surge el joven guerrero, y esta fase dura hasta los treinta y tantos. De nuevo, las etapas se solapan y hay algún aspecto de ellas en cada fase de la vida de un hombre. Tenga seis o sesenta años, el varón siempre será un guerrero, porque lleva la imagen de un Dios guerrero (véase Éxodo 15.3). Pero también hay un tiempo en la vida del hombre cuando sobresale una de las etapas. El guerrero tiene una casa y, es de esperar, un rey. Sale rumbo a la facultad de derecho o al campo misionero. Se encuentra cara a cara con el mal y aprende a derrotarlo. El joven guerrero aprende los rigores de la disciplina, sobre todo esa disciplina interior y esa resolución de espíritu que se ve en Jesús, quien dice «endurecí mi rostro como el pedernal» (Isaías 50.7) y a quien nadie podía disuadir de su misión. Puede enlistarse en el ejército o hacerse profesor de matemáticas en el corazón de la ciudad, luchando por los corazones de los jóvenes. Es crucial que consiga su misión y más crucial todavía que aprenda a pelear contra el reino de las tinieblas. Pasividad y masculinidad son mutuamente excluyentes, no se pueden compaginar. Para ser un hombre tiene que aprender a vivir la vida con coraje, emprender acciones, acudir a la batalla.

Esta es típicamente la época en que también llega a ser el enamorado, aunque le conviene a él y a su amada que primero haya sido guerrero durante un tiempo. Como también describí en *Salvaje de corazón*, demasiados jóvenes no consiguen la respuesta a su pregunta cuando son el *cowboy*, y se encuentran sin una misión en sus vidas, como un guerrero desorientado. Acaban tomando todo esto de la mujer, con la esperanza de encontrar en ella validación y una razón para vivir (es una búsqueda desesperadamente estéril, como muchos hombres han acabado entendiendo). El enamorado viene a *ofrecer* su fuerza a una mujer, no a quitársela. Pero la época del enamorado no tiene que ver sobre todo con la mujer. Es la época en que el joven descubre el Camino del corazón: la poesía y la pasión están más cerca de la verdad que la mera razón y los argumentos. Despierta a la belleza, a la vida. Descubre la música y la literatura; como el joven David, se convierte en un romántico y lleva su vida espiritual a un nuevo nivel. La intimidad *con* Dios eclipsa al servicio *para* Dios.

Entonces —y solo entonces— está listo para convertirse en rey, preparado para gobernar un reino. La crisis de liderazgo de nuestras iglesias, negocios y gobiernos se debe en gran parte a este dilema: los hombres han recibido poder, pero no están preparados para manejarlo. La época de reinar es una gran prueba para el carácter, porque el rey va a ser severamente probado para utilizar su influencia en humildad, en beneficio de los demás. Lo que llamamos la crisis de la edad madura suele consistir en un hombre que llega a encontrarse con poco dinero e influencia y lo usa para recuperar lo que le faltó como hijo amado (se compra juguetes) o como *cowboy* (se busca aventuras). Es un hombre sin desarrollar, incompleto.

Un auténtico rey adquiere autoridad y sabe que el privilegio *no* es para procurar ahora su bienestar. Puede ser nombrado presidente de una compañía o comandante de una división; puede llegar a ser pastor principal o entrenador de baloncesto en secundaria. Es la época de dominar sobre un reino. Si todo va bien, se hace acompañar por un grupo de jóvenes guerreros, porque ahora es padre de jóvenes.

Por último, tenemos al sabio, el padre canoso rico en conocimientos y experiencia, cuya misión es ahora aconsejar a otros. Su reino puede reducirse: los hijos han dejado el hogar, así que puede mudarse a una casa más pequeña. Se retira de su puesto de presidente y posiblemente sus ingresos dependan de los ahorros e inversiones de su etapa como rey. Pero su *influencia* tiene que aumentar. No es el tiempo de hacer las maletas para Phoenix o para el Mundo del Descanso: el reino le necesita ahora como anciano a las puertas de la ciudad. Puede ser de hecho un anciano de la iglesia, o servir en la junta de educación. Emplea su tiempo como mentor de jóvenes, sobre todo reyes, como Merlín hacía con Arturo, como Pablo con Timoteo. En una época de la vida cuando la mayoría de hombres sienten que su momento ya ha pasado, este podría ser el período de mayor contribución.

Déjeme decirle, todas estas etapas están presentes en alguna medida en todos los períodos de la vida del hombre y todas convergen en hacer un hombre completo y santo. El niño es en gran parte rey de un pequeño reino (su dormitorio, el árbol de la casa, la cabaña que ha construido en secreto). Y el hombre, aunque ya es un rey en modo mucho más serio, no debe jamás perder la curiosidad del niño, esa condición que llamamos «joven de corazón». Porque cuando hablamos de madurez no implicamos rigidez, calcificación del corazón. Como dice George MacDonald, «El muchacho debería guardar bien, como su propia vida, el niño que hay en su corazón y no perderlo jamás... el niño no está hecho para morir, sino para ser siempre recién nacido». Jesús habló de eso cuando dijo que debemos volvernos como niños si queremos vivir en su reino (Mateo 18.3).

Metáforas de las etapas

David puede ser la expresión bíblica por excelencia del viaje masculino. Su vida como varón parece digna de prestarle especial atención, puesto que Dios dedica sesenta y tantos capítulos de su libro a la vida de David, mientras que la mayoría de personajes tienen suerte si cuentan con un párrafo o dos. Cuando se nos presenta a David está en la etapa de *cowboy*, un adolescente que vive en el campo, cuidando los rebaños de la familia. Pensé llamar a esta etapa la del Pastor, pero el término ha sido tan manipulado por la literatura religiosa que ahora significa lo opuesto al tipo de vida que realmente era. Nuestras imágenes de pastorcillos son las propias de la visión navideña, con esas encantadoras figuritas de la iglesia o, más al hilo de mi queja, de los niños del vecindario en batas de dormir, con toallas en la cabeza, representando su papel en la cabalgata local. Son muy lindos. Pero los pastores reales son *robustos*.

En la víspera de este paso de *cowboy* a guerrero, David está en el campamento del ejército de Israel, ante su rey, que intenta disuadir al adolescente de enfrentarse sin ayuda a un famoso mercenario, Goliat. David dice: «A mí me toca cuidar el rebaño de mi padre. Cuando un león o un oso viene y se lleva una oveja del rebaño, yo lo persigo y lo golpeo hasta que suelta la presa. Y si el animal me ataca, lo sigo golpeando hasta matarlo» (1 Samuel 17.34, 35). Esas experiencias las tuvo durante su etapa de *cowboy* y podemos comprobar la dureza y peligrosidad que esta etapa representa. También vemos que aprendió bastante bien sus lecciones. ¿Fue David alguna vez el hijo amado? Es difícil decirlo. No tenemos registro de su infancia, aunque disponemos de otros dos fragmentos de información que pueden suplirlo hasta cierto punto. Era el menor de ocho hermanos, lo cual puede ser bueno o malo. Lo típico es que el menor sea la niña de los ojos del padre, como José y Benjamín. Pero cuando uno lee los salmos, no hay duda de que David sabía lo que significaba ser el hijo amado de Dios, sus poemas están llenos de una clase de seguridad profunda en el amor y favor de Dios que solo puede expresar un hijo amado.

Lo mismo con el guerrero, ¿cabe alguna duda de que David es el mejor patrón para esta etapa? «Saúl destruyó a miles, pero David aniquiló a diez miles» proclamaban las mujeres de Israel (1 Samuel 18.7). Está claro que también era un hombre de amor (aunque aquí nuestros pensamientos saltan seguramente al episodio con Betsabé). Pero es de David de quien aprendemos que la etapa del enamorado *no* tiene que ver principalmente con las mujeres, tiene que ver con la vida del corazón, la vida de la belleza y la pasión en un profundo romance con Dios, todo lo cual se aprecia en sus poemas. Y, por supuesto, David fue, en sentido literal, un rey.

También puede usted ver las etapas en la vida de Jesús. No hay duda de que es el Hijo Amado, tanto de sus padres como de Dios. El breve relato de su infancia contiene la historia de cuando Jesús desapareció de la caravana familiar que regresaba de la fiesta de la Pascua en Jerusalén. Lo destacable es que María y José tardasen dos días en percatarse de la ausencia del chico. Eso demostraba o bien una grave negligencia paterna (teoría incompatible con lo demás que sabemos de la familia) o una gran seguridad y tranquilidad en cuanto al niño. Y, desde luego, mucho más en relación con el argumento de este libro sobre nuestro propio viaje, tenemos la declaración de Dios Padre sobre Jesús cuando sale de las aguas del Jordán: «Este es mi hijo amado» (Mateo 3.17). La confianza de Jesús en el amor de su Padre, su profunda e incuestionable intimidad, es el sello de su vida, la explicación de todo lo demás. Este hombre sabe que su Padre se deleita con él.

Voy a situar los años de la etapa *cowboy* de Jesús en el taller de carpintería, pasando horas y horas junto a José, aprendiendo el oficio de su padre y todas las lecciones que los tablones y las herramientas pueden enseñarle a un joven. Una forma maravillosa de pasar los años de la adolescencia. Aparentemente también se encontraba a gusto en el desierto, porque a menudo acudía allá durante sus años de ministerio en busca de refrigerio, para estar con Dios su Padre.

Entra en la fase de guerrero al entrar en su ministerio, un período de tres años marcado por intenso conflicto, hasta llegar al punto culminante cuando triunfa sobre el maligno, garantiza nuestro rescate de las prisiones de las tinieblas, arrebata al enemigo las llaves del infierno y de la muerte. A lo largo de estos tres años vemos también a un apasionado enamorado que corteja y conquista el corazón de su esposa (aquí cabe recordar que el autor del Cantar de los Cantares es el Espíritu de Dios, sin duda el mayor enamorado de todos los tiempos). Y, por supuesto, es el Rey, actual Señor del cielo y de la tierra, y un Rey guerrero que va a regresar para traer a su pueblo la victoria final y la edad de oro de su reino. Su vida terrenal fue interrumpida violentamente, pero igualmente podemos ver al Sabio en la profundidad y sabiduría de su magistral enseñanza. Desde luego, él es ahora el Consejero admirable.

Encontrará las etapas en todas partes

Ahora que ya tiene usted un esquema de las etapas de la travesía masculina, podrá verla a lo largo de todos los grandes relatos.

Príncipe de Egipto, basada en la vida de Moisés, es nuestro primer ejemplo. Cuando la historia comienza es el hijo amado. Estropeado, claro, y muy necesitado de pasar a la etapa de *cowboy*, pero hijo amado después de todo. Sus padres vieron algo especial en el bebé, por lo que arriesgaron sus vidas para salvarlo. Moisés es adoptado en el hogar del faraón, donde se le educa en una vida de privilegios. Se le arroja a la fase de *cowboy* en el desierto, donde es pastor (lo cual, como ya he dicho, significaba una vida dura y exigente, llena de peligro y aventuras). Después, tras el llamamiento de Dios para liberar a su pueblo, se convierte en guerrero y después en rey y sabio del pueblo durante su éxodo hacia la tierra prometida.

Consideremos ahora la trilogía de J. R. R. Tolkien, *El señor de los anillos.* Cada uno de los personajes principales es una imagen correspondiente a una o varias etapas. Los hobbits o enanitos, sobre todo Frodo—, son un retrato del hijo amado. Strider es *cowboy* por excelencia (un «soldado», como se les llama, un título que puede usted fácilmente sustituir por *cowboy* cuando me refiero a esta etapa). Después se convierte en el gran guerrero Aragorn, que llega a ser rey. Gandalf es su sabio. Observando más de cerca, uno puede ver también el viaje de un niño hacia la edad adulta a través de las vidas de los hobbits, las cuales conforman su relato de viajes. Cuando encontramos por primera vez a los hobbits se hallan en la etapa del hijo amado —pelo rizado, de buen corazón, traviesos— y su mundo de la Comarca es un lugar seguro que pueden explorar con libertad. Cuando emprenden el camino entran en la etapa del *cowboy.* Sí, tienen una misión, pero no son conscientes de toda su gravedad. Al principio es una alegría estar en camino, acampando, contemplando nuevos paisajes, experimentando la vida más allá de su cojín de plumas. Aragorn los introduce «en lo salvaje», donde empiezan a endurecerse, duermen sobre el suelo, soportan las inclemencias del tiempo, el peligro, largas marchas. Van camino de hacerse guerreros, aprender a pelear, ir a la guerra.

Las etapas también dan forma a la historia de la película *El rey león.* Las escenas iniciales anuncian la llegada del cachorro Simba. Él es el hijo amado del rey león Mufasa, y está claro que es también la niña de los ojos. Pero su juventud se ve interrumpida por una repentina pérdida de la inocencia —como ocurre con tantos chicos— y es arrojado a la etapa del *cowboy*, echándose al camino. Pero no tiene ningún Aragorn que le guíe, y su tiempo en esta etapa se corrompe por durar demasiado y vivirla solo para el hoy. Esto les sucede a muchos jóvenes sin padre, que viven buscando una aventura tras otra, practicando *snowboard*, haciendo *surf*, negándose a crecer. Simba se introduce en la etapa de enamorado cuando Nala lo encuentra en la selva y viven una especie de idilio paradisíaco. Pero es un enamorado sin rumbo, como la mayoría de hombres que no han pasado previamente por la etapa guerrera, y Nala se va impacientando cada vez más con él, como ocurre con muchas jóvenes que acaban hartas de los varones a quienes aman pero que no muestran señales de seguir adelante con sus vidas.

Por suerte para Simba y para el reino, en esta situación lo encuentra un sabio —el viejo babuino Rafiki— quien lo trae de regreso al Padre, y con este retorno llega su verdadera identidad y vocación. Es restaurado a un mundo con centro en el padre, el tipo de restauración que nosotros también necesitamos. Llega el momento de que Simba complete su viaje hacia la edad adulta, como guerrero y rey. Regresa para enfrentar a su enemigo, triunfa sobre el malo, asume el trono y abre la puerta de una nueva edad dorada para el reino.

Retomar la búsqueda

Así es nuestra travesía de iniciación masculina. Ahora bien, en nuestra cultura de lo instantáneo no sabemos mucho sobre las etapas de desarrollo. Tenemos a alguien que nos hace el café. No tenemos que esperar ni una hora para tener las fotos reveladas porque disponemos de cámaras digitales que nos muestran el resultado instantáneamente. No tenemos que esperar para contactar con alguien: tenemos correo electrónico, el localizador de personas, el teléfono fijo o celular, mensajes instantáneos. No tenemos que esperar para que nuestra ropa de cuero o vaquera tenga el aspecto de estar vieja y usada, ya las venden así, desgastadas y envejecidas. El carácter también podemos comprarlo y colocárnoslo al instante.

Pero Dios es un Dios de *proceso*. Si quiere usted un roble, él ha dispuesto que comience por una bellota. Si desea usted una Biblia, bueno, él le entregó la que tiene en el transcurso de más de mil años. Si quiere ser un hombre, tiene que empezar por ser un niño. Dios ordenó las etapas del desarrollo masculino. Se tejen en el telar de nuestro ser, tal como las leyes de la naturaleza se tejen en los telares de la tierra. De hecho, quienes vivían en una relación más estrecha con la tierra la respetaban y aceptaban las etapas durante siglos y siglos. Podríamos considerarlos como los antiguos senderos. No hace mucho que hemos perdido el contacto con ellos. Lo hemos cambiado por los cafés con leche sin azúcar ni calorías y con triple aroma de vainilla. El resultado de haber abandonado la iniciación masculina es un mundo de hombres sin acabar, sin iniciar.

Pero no tiene que ser así. No tenemos por qué vagar en la niebla. No tenemos por qué vivir solos, en rivalidad, malhumorados, desorientados, furiosos. No tenemos que entender la vida solos. Hay otra manera. Dondequiera que nos encontremos en nuestro viaje, nuestra iniciación puede comenzar en toda regla. Mucho mejor para nosotros —y para quienes tienen que vivir con nosotros, que nos miran— si redescubrimos las etapas y las observamos, vivimos en ellas, educamos a nuestros hijos a través de ellas. Lo cual nos devuelve a nuestra difícil situación: ¿Quién va a hacer eso por nosotros?

2 Verdadero hijo de un padre verdadero

Seré para ustedes un Padre,
y ustedes serán mis hijos...
—2 Corintios 6.18

La época es la Edad Media, anno Domini (año del Señor) de 1184. El período entre la Segunda y la Tercera Cruzada. Cierto joven, un herrero llamado Balian, ha perdido a su esposa y a su hijo. Con ellos ha perdido también su fe, a causa de las trágicas circunstancias. Seguro que está perdiendo también el corazón. Mientras golpea con el martillo en su pequeña herrería, una misteriosa figura se acerca a lomos de un caballo, al parecer algún señor de algo, armado, pidiendo herraduras para sus caballos. El capitán de compañía estudia al silencioso, furioso joven, lo observa en su trabajo. Entonces anuncia a Balian que es su verdadero padre: Godofredo, Barón de Íbelin, un gran guerrero de regreso a Jerusalén con una compañía de hombres. Invita a Balian a acompañarle.

Al principio, el joven rechaza la invitación. ¿Por qué? Tal vez ha perdido su capacidad para la esperanza. Puede que los años sin padre le hagan desconfiar de ese hombre que se atribuye su paternidad. Puede usted responder por él, porque su historia es la nuestra en muchos aspectos. Un hombre sin padre trabaja en soledad soportando las penas de su vida. Aparece su verdadero padre, una vaga y en cierta forma imponente figura que le invita a un viaje. Él duda, como haríamos nosotros, está inseguro en cuanto al padre y sus intenciones. Dadas las circunstancias, ¿cómo habría respondido usted? Piénselo. Para entenderlo, quizás le ayude considerar cómo quiere usted responder a la oferta que Dios le está planteando.

Después de que Godofredo se marcha, Balian cambia de opinión, alcanza al otro en el bosque, con la esperanza de hallar en Jerusalén —porque había oído que allá lo obtendría— el perdón de sus pecados. Un paso en la dirección correcta. Balian sigue a su padre, aunque únicamente fuera en busca de perdón, de la misma forma que muchos buenos hombres de la iglesia creen en Dios, aunque solo por el perdón. Pero en la intención del padre hay mucho más. Godofredo abraza a Balian como su hijo amado, heredero de sus dominios (Romanos 8.17). Entrega hombres a cambio de su vida (Isaías 43.4). Emprenden el camino juntos: para Balian esta es la etapa del *cowboy*. Su padre lo entrena para ser un guerrero y lo inicia en la caballería. Educa a Balian con miras a la gran misión de su vida: servir al verdadero Rey de Jerusalén.

El reino de los cielos es un retrato penetrativo de la travesía masculina y nos puede ayudar mucho. Como escribió Norman Maclean: «Lo más cerca que uno puede estar de encontrarse a sí mismo a una edad determinada es encontrar un relato que de alguna manera le cuente sobre él mismo». Este es un buen relato para comenzar. Y hay muchos otros en camino.

HUÉRFANO DE PADRE

Usted es hijo de un Padre bueno, fuerte y comprometido, un Padre lo bastante sabio como para guiarle en el Camino, suficientemente generoso como para proveerle durante toda la travesía, quien le ofrece caminar junto a usted cada paso.

Eso es tal vez *lo* más difícil de creer para nosotros: creer de verdad, en lo más profundo de nuestros corazones, de tal manera que nos cambie para siempre, que cambie la forma en que nos acercamos a él cada día.

De las miles de conversaciones con hombres que he tenido a lo largo de los años, sea en un despacho de consejería o en torno a un campo de fuego, y de todas las luchas personales que llenan las páginas de mis diarios, creo que esta es *la* cuestión clave del dilema que compartimos los varones. Sencillamente no lo creemos. Nuestras principales suposiciones acerca del mundo se reducen a lo siguiente: Para poner en marcha nuestra vida no podemos contar con nadie. Nadie mira por nosotros. Nadie se preocupa de nosotros. Sea lo que sea lo que hayan podido proveer nuestros padres, no somos muy diferentes ahora de Balian al principio de su historia. Cuando nos golpea un problema, tenemos que resolverlo nosotros, o encajar sin más el golpe. Muchos hemos invocado a Dios como Padre pero, con franqueza, no parece que nos haya oído. No estamos seguros de por qué. Tal vez no hicimos lo correcto. Puede que esté ocupado en asuntos más importantes. Cualquiera que sea la razón, lo que hemos experimentado de este mundo ha encuadrado nuestra manera de relacionarnos con la vida. Nos creemos huérfanos de padre.

Precisamente ayer estaba hablando por teléfono con un joven amigo acerca de su entrada en último curso de postgrado. Estábamos charlando sobre todas las presiones y demandas que conlleva esa época de la vida —y se añadió a la ecuación un nuevo matrimonio— cuando le planteé una pregunta preparada para cambiar el rumbo de la conversación y alzó sus ojos hacia el horizonte.

—Sam, ¿qué es lo que te causa alegría en estos días?

Hubo un momento de pausa. Entonces empezó a hablar de una piragua de mar para la que estaba ahorrando, que esperaba poder adquirir en septiembre.

—Pero siento como si Dios se opusiera.

El comentario me sonó muy raro. Parecía... inesperado.

—¿Por qué? —pregunté.

—No lo sé —dijo—. Me parece que me cuesta creer que él quiera algo bueno para mí». Ah, sí. Este joven no debía de ser el único con en ese sentimiento.

Sam comenzó a plantear sus dudas en voz alta.

—Ahora mismo me acuerdo de que mi padre nunca jugaba conmigo. Jamás. Si yo estaba fuera, él jamás salía.

Iba tomando conciencia cada vez más y estaba empezando a ver clara su historia.

—De niño siempre quise hacerme una cabaña en el árbol. Pero vivíamos en la ciudad. Entonces, cuando cumplí los trece años, nos mudamos al campo, fue maravilloso. Tenía todos los árboles que deseara y me construí esta cabaña. Pero, aunque mi papá trabajaba en la construcción, jamás me ayudó. Me metí en ella cinco o seis veces. Mi padre nunca salió a verla. Recuerdo que me sentía como diciendo: *Qué asco, ¿a quién le interesa ver esto?* Una historia triste, desde luego. No sorprende que Sam tuviese dificultades para creer que Dios quiere algo bueno para él.

—Estoy muy ilusionado con esa piragua, y creo que Dios también —dije.

Se produjo una larga pausa, entonces Sam habló en nombre de muchos hombres:

—Es como si me hablaras en chino. No te entiendo.

Un sencillo relato, sobre una piragua. Pero un relato que he escuchado repetirse cientos, quizá miles, de veces de una u otra forma, en boca de diferentes hombres en diferentes etapas, un relato que toca la misma duda básica que hay en nuestros corazones. Por supuesto, consiste en algo mucho más profundo que comprar una piragua, sobre todo cuando involucra la muerte de un niño, un sueño muerto, una vida que se siente sobre todo agobiada, decepcionada y poco más. Sea lo que sea lo que nos enseñó la vida, y aunque no podamos expresarlo en estas palabras exactamente, sentimos que estamos solos. No tiene más que mirar cómo viven los hombres. Si tuviera que formular una afirmación sincera para describir mi vida de los últimos treinta años, debería confesar que lo principal era competencia y autoindulgencia. Esforzarme al máximo por destacar, enfrentar las luchas con determinación, pero también con una falta de dirección causada por el miedo, con la profunda convicción de que no hay nadie en quien yo pueda confiar y que haga algo por mí. Competir. Y luego encargarme de los pequeños placeres que pudiera encontrar por el camino para soportar mejor el dolor de la soledad y la falta de dirección. Cenar fuera, preparar aventuras. Autoindulgencia. Un estilo de vida propio de quien carece de padre.

Tiene mucha razón MacDonald cuando dice: «Lo más difícil, y lo más gozoso, que hay en el mundo es gritar *¡Padre!* De todo corazón... el rechazo a mirar a Dios como nuestro padre es un error central en toda la cuestión humana; la incapacidad, la miseria capital». La miseria por excelencia. Vale la pena pensar en ello. De veras que yo no solía creerlo. Ya ve, esta carencia de padre se ha convertido en algo tan normal —de *nuestra* normalidad— que ya ni siquiera pensamos mucho en ello.

VERDADEROS HIJOS DE UN PADRE VERDADERO

Y por eso es por lo que Jesús sigue regresando a este tema central, una y otra vez, llevándonos a él en sus enseñanzas, sus parábolas, sus penetrantes preguntas. Si vuelve usted a mirar, ahora a través de la perspectiva de que la mayoría de nosotros nos sentimos fundamentalmente huérfanos de padre, creo que lo encontrará muy cerca del centro de la misión de Jesús. «¿Quién de ustedes, si su hijo le pide pan, le da una piedra? ¿O si le pide un pescado, le da una serpiente?» (Mateo 7.9-10). ¿Y bien? Nos precipitamos al resto del pasaje, pero creo que Jesús nos está planteando una pregunta real y quiere una respuesta real. Imagino que se detuvo ahí, con sus penetrantes, compasivos ojos examinando a los oyentes ante él. ¿Y bien? Vaciló. Me planteo si tiene razón. Yo no podría y creo que, salvo algún hombre excepcionalmente malvado, ningún padre decente —por muy centrado en sí mismo que estuviese— haría algo así. Jesús continúa: «Pues si ustedes, aun siendo malos, saben dar cosas buenas a sus hijos, ¡cuánto más su Padre que está en el cielo dará cosas buenas a los que le pidan!» (v. 11).

Está intentando hablar a nuestra más profunda duda acerca del universo.

Miren los pájaros del cielo. Consideren los lirios del campo. ¿No son ustedes más valiosos que ellos para su Padre? (Mateo 6.26). Hmmm. No estoy seguro de cómo responder. Quiero decir, por supuesto, que hay una respuesta «correcta». Pero también está la herida de nuestros corazones hacia la paternidad, y también está el camino que han tomado nuestras vidas. «¿Qué les parece? Si un hombre tiene cien ovejas y se le extravía una de ellas, ¿no dejará las noventa y nueve en las colinas para ir en busca de la extraviada?» (Mateo 18.12). Una pregunta más, apremiante en los sumergidos temores de nuestros corazones, otra pregunta que espera nuestra respuesta. ¿Y bien? ¿Iría por la oveja? «Y si llega a encontrarla, les aseguro que se pondrá más feliz por esa sola oveja que por las noventa y nueve que no se extraviaron. Así también, el Padre de ustedes que está en el cielo no quiere que se pierda ninguno de estos pequeños» (vv. 13, 14).

Cualquiera que sea su actual capacidad para creerlo en su propia vida, al menos puede usted ver lo que Jesús está insinuando. Tiene usted un Padre bueno. Es mejor de lo que usted pensaba. Cuida de usted, de veras. Es bueno y generoso. Procura lo mejor para usted. Esto es algo absolutamente primordial en la enseñanza de Jesús, aunque debo admitir que nunca me afectó, hasta que empecé a considerar seriamente la necesidad de la iniciación masculina y me vino directamente la pregunta de *¿Quién llevará a cabo* *la iniciación?* La mayoría de nuestros padres ya no están, o se han despedido, o son ellos mismos hombres sin iniciación. Hay algunos hombres, muy pocos, que tienen padres que los están iniciando de manera significativa. Ojalá fuéramos todos tan afortunados. Otros han encontrado un mentor, pero también son difíciles de encontrar. Sobre todo que entiendan la iniciación masculina. Así que, una vez más, me encuentro preguntándome *¿Dónde podemos encontrar a un verdadero padre para que nos inicie?* Entonces, ¡bam!, empieza a hacerse la luz. Tal vez era a esto a lo que Jesús apuntaba. Así se produce todo descubrimiento real: nos encontramos en necesidad y de repente la respuesta que siempre hemos tenido ante nosotros adquiere valor, de repente tiene sentido.

En este caso —nuestra necesidad de un padre real que nos proporcione la iniciación masculina— la necesidad es tan profunda como un ser humano pueda tener. Henri Nouwen llegó a ver, en una etapa más bien tardía de su vida, que ese deseo era «el más profundo anhelo de mi corazón». El anhelo de un padre realmente bueno. Tom Wolfe lo llama: «la búsqueda más profunda de la vida».

> La búsqueda más profunda de la vida, según mi opinión, aquello que de una u otra manera era central para toda la vida era la búsqueda de un hombre para hallar a un padre, no meramente su padre carnal, no meramente el padre perdido de su juventud, sino la imagen de una fuerza y una sabiduría externa a su necesidad y superior a su hambre, a la que se pudieran unir la fe y la energía de su propia vida. (*The Story of a Novel* [*Historia de una novela*])

Un cambio radical

Y ustedes no recibieron un espíritu que de nuevo los esclavice al miedo, sino el Espíritu que los adopta como hijos y les permite clamar: «¡Abba! ¡Padre!». (Romanos 8.15)

Ustedes ya son hijos. Dios ha enviado a nuestros corazones el Espíritu de su Hijo, que clama: «¡Abba! ¡Padre!» Así que ya no eres esclavo sino hijo; y como eres hijo, Dios te ha hecho también heredero. (Gálatas 4.6, 7)

La mayoría de los hombres a quienes he aconsejado a lo largo de los años entienden que el cristianismo es una oferta de perdón, que se pone ante nosotros gracias al sacrificio de Cristo en la cruz. Ven a Dios como Balian ve a su padre al inicio de su viaje. Lo que no parecen captar es que hay más. Que se ha puesto el perdón a nuestro alcance *para que* podamos volver a casa con el Padre. El perdón no es la meta. La meta es regresar a casa con el Padre. De manera que un hombre que se autodenomina cristiano, asiste a la iglesia y mantiene alguna esperanza de cielo tras la muerte *no* ha recibido la parte más grande de lo que Dios quiere que reciba a través de la obra de Cristo. Se encontrará viviendo todavía más solo, derribado en su viaje, preguntándose por qué no puede llegar a ser el hombre que desea.

No ha llegado a la condición de hijo. Consideremos más de cerca la historia del hijo pródigo, una de las muchas que Jesús contó para intentar meter en nuestros corazones dónde estamos en relación con el Padre, y cómo se siente él en cuanto a nosotros. Sí, el hijo pródigo se «ausentó sin permiso», huyó a Las Vegas, se lo gastó todo en prostitutas y altas apuestas al póquer. Sí, lo mismo que nosotros, más o menos... en la mayoría de los casos, más que menos. Pero no es ese el punto de la historia. El asunto primordial del relato no tiene que ver con el pródigo. Tiene que ver con el corazón del padre. «Todavía estaba lejos cuando su padre lo vio y se compadeció de él; salió corriendo a su encuentro, lo abrazó y lo besó» (Lucas 15.20). Este es el tipo de Padre que usted tiene. Así es como él se siente con respecto a usted. *Este* es el propósito de la venida de Cristo.

> Pero cuando se cumplió el plazo, Dios envió a su Hijo, nacido de una mujer, nacido bajo la ley, para rescatar a los que estaban bajo la ley, a fin de que fuéramos adoptados como hijos. Ustedes ya son hijos. Dios ha enviado a nuestros corazones el Espíritu de su Hijo, que clama: «¡Abba! ¡Padre!» Así que ya no eres esclavo sino hijo; y como eres hijo, Dios te ha hecho también heredero. (Gálatas 4.4-7)

Como explica George MacDonald: «El término que usa Pablo no implica que Dios adopte hijos que no son suyos, sino más bien que el padre adopta por segunda vez al suyo, que ha nacido de nuevo, esta vez de arriba. Que va a ser su padre diez veces, sí, muchísimo más padre suyo». (*Unspoken Sermons* [Sermones tácitos]).

Comenzamos a realizar el cambio del mundo más crucial y esencial, el cambio en que se centra el cristianismo, cuando al menos empezamos con la verdad objetiva. Usted *es* el hijo de un Padre bueno, fuerte y comprometido, un Padre lo bastante sabio como para guiarle en el camino, lo bastante generoso como para proveerle durante la travesía. Su primer acto de provisión ocurrió antes de que usted naciera, cuando le rescató a través de la vida, muerte y resurrección de su hermano mayor, Jesús de Nazaret. Entonces le llamó hacia él —quizás lo está haciendo ahora mismo— para venir a casa con él a través de la fe en Cristo. Cuando un hombre entrega su vida a Jesucristo, cuando gira como el hijo pródigo regresó al hogar y se reconcilió con el Padre, tienen lugar muchas cosas importantes. En el centro de ellas está la llegada a la verdadera condición de hijo.

Balian tenía muchas lecciones que aprender, sobre todo para ponerse al corriente desde sus días de orfandad. Pasó una especie de curso acelerado en su camino del *cowboy*, y del guerrero, y no mucho después el de enamorado, hasta que pudo convertirse en el rey. Pero primero tenía que asumir el riesgo, aceptar el hecho de que era su padre quien había venido a buscarlo.

El Padre está iniciando a sus hijos

«Nunca lo encontraré allí». Yo había vuelto a casa después de un día de pesca, solo, de uno de mis ríos favoritos. Pero estaba nervioso, irritado, caminando de un lado a otro del salón familiar, y no sabría decir la razón. No era por no haber pescado nada. Había alguna otra cosa que me consumía.

—Cariño ¿qué te pasa? —preguntó Stasi.

—No lo sé —dije—, dejándome caer sobre una silla.

Después de un largo momento de silencio dije:

—Nunca lo encontraré allí.

Ese «lo» se refería a mi padre. Mi confesión me tomó por sorpresa. No tenía idea de haber estado buscando a mi padre, todos aquellos años, en los ríos y lagos, caña en mano. Porque ese fue el único tiempo de mi vida en que de verdad tenía a mi padre. Pero esos días se han ido hace ya unos treinta años, y no volverán. ¿Qué voy a hacer?

Ya no quiero seguir viviendo huérfano.

Ya ve, seguimos necesitando la paternidad. Todos nosotros. Más de lo que somos conscientes. Hay muchos lugares en nosotros todavía huérfanos, muchas partes que necesitan iniciación hacia la madurez. Esto es tan cierto para el anciano de setenta años como para el muchacho de dieciséis. Somos Hombres Incompletos. Y ciertamente, el Padre ha estado criándonos durante mucho tiempo o, al menos, lo ha estado intentando. Lo que estoy sugiriendo es una nueva forma de contemplar su vida como hombre. Ver su vida como un proceso de iniciación hacia la madurez masculina, con su Padre a cargo de dicha iniciación. Invitado, como Balian, por su verdadero Padre a emprender un viaje.

Somos hombres incompletos. Hebreos dice que Dios está completando su obra en nosotros. De nuevo, MacDonald explica lo que nuestro Padre pretende:

> Él los hará participar de su ser y naturaleza: fuerte en lo que requiere fuerza; tierno y clemente como él lo es; airado como y cuando él lo estaría. Incluso en los pequeños asuntos de poder, los hará capaces de realizar lo que haría en la tierra su Hijo Jesús, cuyas obras eran las de la humanidad en su perfección [...] cuando llegamos a pensar con él, cuando la mente del hijo es la del

padre, la acción del hijo es la misma que la del padre, entonces es el hijo *del* padre, entonces somos los hijos de Dios.

Nadie excepto un niño puede convertirse en hijo; la idea es, una entrada espiritual en la edad; *solo cuando el niño es un hombre es real y plenamente un hijo.* (*Unspoken Sermons*)

Nuestro Padre ha venido a buscarnos y nuestra iniciación está en marcha. Ya puede proceder con mayor claridad e intimidad. El horizonte se ha abierto ante nosotros. Esta reestructuración de nuestra visión de la vida como una iniciación masculina, este regreso a Dios como Padre es, no lo dude, una aventura arriesgada. Pero conozco pocas verdades que puedan aportar a un hombre una esperanza semejante.

Está bien, Padre. De acuerdo. No sé cuánto creo de esto, pero una cosa sé: necesito un Padre. Hay mucho más de mí que necesita los cuidados paternos. Y ya no quiero vivir más como huérfano. Ven a mí y ayúdame a dar el paso. Tú me has llevado a casa, por medio de Cristo, para ser tu hijo. Lo acepto. Te doy mi vida en respuesta, para ser tu hijo. Sé mi Padre, sé tú mi Padre.

3 La niñez

Cuídame como a la niña de tus ojos.

Salmos 17.8

Cuando era niño, mi padre trabajaba como vendedor que viajaba constantemente, vendía productos de papel y luego artículos de jardín. Yo era su único hijo, con dos hermanas mayores, y cuando llegaba el verano papá me llevaba con él cuando viajaba a los estados del oeste: Oregon, Idaho, Colorado, Wyoming, Montana. Era un tiempo de grandes aventuras. Juntos. Yo era su copiloto, le leía los mapas de carretera, que en aquellos tiempos se podían conseguir gratis en cualquier gasolinera. También ponían la gasolina y chequeaban el aceite (¿cuántos se acuerdan?). A mi papá le encantaba pescar y cuando se acercaba el fin de semana ya había planeado la ruta para llegar a algún lago o río. Acampábamos el fin de semana y pescábamos hasta quedar hartos, desde que salía el sol hasta que se ponía. Él preparaba emparedados de huevos fritos, o a veces comida en lata, lo que me encantaba. Dormíamos en tiendas. Si no pescábamos nada, papá me cantaba Happy Jack's Fish Farm para asegurarse que capture unos cuantos. (Años más tarde, siendo yo padre, me di cuenta de que en realidad uno *paga* por atrapar un pez allí).

Para un niño, el verano se hace eterno. Reminiscencias de los inagotables días de maravillas en el Paraíso. Yo tenía la sensación de haber estado en la carretera durante muchos meses, solos los dos, durmiendo en los hoteles de autopista, en el Holiday Inn o, mejor, en pequeños lugares como Las Cabañas Alpinas de Moe, con un arroyo que corría justo por detrás. Sin tareas ni deberes escolares. Comíamos en los A&W (a ambos nos encantaban sus refrescos). Entonces éramos exploradores geológicos también, llegábamos a cualquier recoveco en busca de obsidianas y geodas llamadas «huevos de trueno». Pasados los que parecían seis meses de «viajes con mi padre», papá emprendía el regreso a casa y pasábamos por el este de Oregon, hasta el rancho ganadero de su padre, donde yo me quedaba por el resto del verano.

En la época de mi niñez el rancho era un lugar de aventuras sin fin. Más tarde sería un lugar clave para la educación del *cowboy*. Mi abuelo tenía caballos y ganado, cuadras y tractores, y un corral con un gran prado que parecía no acabar nunca. Había un estanque en una de las dehesas de la propiedad, una charca medio llena de aneas, un lugar de misterio y disfrute para un chico. Había en ella ranas toro y a veces una gran garza azul, de pie absolutamente quieta, como una farola, esperando hacerse con algún incauto barbo. Debía de haber cientos de peces en aquella charca — en realidad demasiados, porque no llegaban a crecer más de quince o veinte centímetros— pero el tamaño no me importaba. Yo buscaba la abundancia. Cavaba en busca de lombrices en la blanda y húmeda tierra que cubría la zanja de riego junto a la casa y las llevaba en tarros de café al estanque, donde pescaba con cebo y anzuelo. Me encantaba observar aquellos cebos rosados, posados sin apenas movimiento sobre la superficie, esperando que dieran unos tirones y desaparecieran de la superficie, con lo que yo sabía que mi premio ya estaba en el sedal.

> Y alguna vez con todo señorío, hice que hojas y árboles
> se arrastraran con margaritas y cebada
> hacia abajo en los ríos alumbrados por las frutas caídas.
> Y como era tierno y despreocupado, famoso en los graneros
> en torno del patio alegre y cantaba porque la granja era mi hogar,
> al sol que es joven apenas una vez.
> el tiempo me dejaba jugar
> y ser dorado en la gracia de sus poderes,
> y tierno y dorado era yo cazador y pastor, los becerros
> cantaban a la voz de mi cuerno, en las lomas los zorros ladraban
> con clara y fría voz
> y el domingo sonaba despacio
> en los guijarros de los sagrados arroyos. (Dylan Thomas, «Fern Hill»)

Un mundo seguro

Empezamos nuestro viaje como hijos al mirar atrás, a lo que parecían nuestras vidas en la niñez y, lo más importante, a lo que se *suponía* que debían ser. Porque en buena medida la forma en que consideramos la vida como hombres se puso en marcha durante nuestra niñez, algo para bien, algo para mal. Queremos recuperar lo bueno y hallar sanidad para lo que no lo fue.

La niñez es un tiempo de exploración y asombro, y el niño tiene que ser un explorador, desde el momento en que el pequeño aprende a gatear por las escaleras (se va en un santiamén), hasta el momento en que descubre que si salta la valla trasera puede llegar a la casa de Juanito, donde tienen un refugio secreto. Cuando Dios puso a Adán en el Edén, colocó a su hijo en un mundo que era, en aquel mismo instante, seguro y a salvo pero lleno de misterios y aventuras. No había ninguna razón para tener miedo, pero muchas para ser osado. Como dijo Mark Twain: «A todo chico sano le llega el momento en que siente un irrefrenable deseo de ir a cualquier sitio y cavar en busca del tesoro oculto». ¿Cuántos de ustedes, en su infancia, no pensaron que había un tesoro enterrado en alguna parte de su patio, o guardado en el desván de sus abuelos? El mal está, de momento, bien sujeto. Este es el mundo que Dios tenía para el niño. Y este mundo es creado bajo la fuerza protectora de un padre que le hace sentirse seguro.

Porque esta es la época de la vida en la que debemos saber que somos el hijo amado, la niña de los ojos de nuestro padre.

Mi amigo Bart, que tiene un hermano cuatro años mayor, me dijo en una ocasión: «Mientras crecía, me sentía siempre como si viviera a la sombra de mi hermano». El mayor era mejor atleta y Bart siempre se sentía como si todo el deleite de su padre estuviese en su hermano.

> «Pero hubo un período al principio de mi vida en que mi hermano se marchó a la escuela y yo todavía no, creo que tendría unos

cuatro o cinco años, y me pasaba todo el día con mi padre en la granja familiar. Pasé dos años con mi padre, todo para mí. Me despertaba por la mañana y me llevaba con él. Me acuerdo del tractor —era a principios de los cincuenta y no tenían las grandes cabinas de ahora—, uno se montaba e iba al descubierto, con todo su traqueteo, fascinado como un niño. Me daba un poco de miedo, pero me sentía seguro entre las piernas de mi padre. Me apoyaba en el volante y me hacía sentir como si fuera yo quien conducía aquella enorme y poderosa máquina».

Vivían en el oeste de Tejas y Bart recuerda una ocasión en que estaban de visita en la granja de su tío, a unos treinta kilómetros, cuando les llegaron avisos de tornado. «Su familia estaba poniendo colchonetas en el refugio del sótano, preparándose para aguantarlo, y nos dijeron que nos quedáramos. Pero mi papá quería llegar a casa con mamá y con mi hermano». Mientras conducían de regreso a casa, vieron un tornado atravesando los llanos a un kilómetro y medio de distancia. «Mi padre me tomó y me llevó en sus brazos mientras nos poníamos a salvo en los guardabarros de la camioneta y observábamos cómo el tornado destruía la ciudad de Cotton Center, Tejas. Me rodeó con sus brazos y, con solo sentirme en los brazos de mi padre, me sentí seguro».

A salvo en los brazos de su padre: *esto* es lo que se siente al ser el hijo amado.

Durante los veranos en el rancho, yo dormía en el sótano, en una gran cama vieja y deformada con una cabecera metálica y una colcha de felpa blanca. Estaba seguro de que allí abajo había tesoros también, en alguna parte entre las estanterías de tarros de conserva de mi abuela: melocotones, albaricoques, frijoles, compota. Había una húmeda frescura que resultaba maravillosa cuando los días de agosto alcanzaban temperaturas extremas. Pero algunas noches cuando las grandes tormentas con truenos pasaban cerca y traqueteaban las ventanas de la vieja casa no tenía nada de maravilloso. Yo estaba aterrado, y el dormitorio de mi abuelo parecía estar muy lejos. Me escondía bajo las mantas hasta que reunía el coraje y la adrenalina suficientes como para atreverme a saltar escaleras arriba para meterme en la cama con mi abuelo. Allí podía retomar el sueño. A salvo en la presencia de un hombre que yo sabía que podía enfrentarse a cualquier cosa en el mundo.

Hay un retrato destacable de este sentido de seguridad que un padre puede dar. Está en la película italiana *La vida es bella*. El argumento transcurre en la Segunda Guerra Mundial. El niño tendrá unos cinco años, es hijo de padre judío y madre italiana. Cuando se llevan a su familia a un campo de concentración, el padre esconde a su hijo entre los hombres que son llevados al campamento masculino, de manera que no le separen de él y pueda protegerlo. Durante muchos meses en el campo de concentración, el padre protege al hijo del enemigo y del mal que los rodea. Allí, en medio de la oscuridad, el chico muestra una increíble inmunidad a todo aquello, con una confianza plena en la bondad de su padre, entregado a juegos que se inventan juntos.

La seguridad que proporciona la fuerza de un padre le permite al niño *ser* un niño, crea el universo que necesita el corazón infantil para vivir. A lo largo de unos años Stasi y yo educamos a nuestros niños en una casa de dos plantas. Creo que había unos trece escalones hasta la planta de arriba. A menudo, por las tardes, antes de ir a la cama, con el pijama ya puesto, jugábamos a un juego en el que tenían que lanzarse lo más lejos posible en el rellano, tomando impulso desde los escalones y volando por el aire hasta mis brazos. Yo estaba orgulloso de una confianza tan entregada a mí. Cuando un niño tiene tal confianza, esta seguridad creada por la fuerza masculina sobre él, el mundo entero se abre ante él. Es capaz de vivir *como un niño*, siendo un explorador y un aventurero.

Un mundo de peleas y aventuras

Después del juego de saltar venía la hora de irse a la cama, y teníamos nuestro ritual. «Había una vez tres cowboys llamados Samuel, Blaine y Luke, que vivían en un rancho cerca de Colorado Springs…». Yo me sentaba en el suelo de su dormitorio e inventaba historias sobre cazadores de búfalos, rescates de los indios o alguna gran aventura en la que ellos atraparan caballos salvajes junto a un acantilado. Eso es lo que anhela el corazón de un niño: aventuras audaces, peleas, territorios indómitos por descubrir. Pase una tarde observando cómo juegan los niños y verá algo que Dios preparó cuando creó al hombre *como hombre*, cuando creó la masculinidad.

Luke encontró un viejo patinete y le sacó las ruedas y los ejes, dejando solo la plataforma. Entonces salió a buscar un viejo par de zapatillas deportivas y cinta para tubos. «Papá, ¿puedo usar esto?» «¿Para qué?» «Para un invento que quiero hacer» «Desde luego». Usó cinta en abundancia, pegó las zapatillas a la plataforma o viceversa, y ya estaba dando brincos sobre la cama elástica y haciendo gestos de snowboard: piruetas y cosas así, con los pies pegados a la tabla. Un momento típico en esta casa. Tenemos una cama elástica, claro, pero ¿cómo llevarla a un nivel superior? ¿Cómo convertirla en una aventura? Una pregunta que para un niño es tan natural como respirar.

En los primeros años de mi vida, antes de cumplir seis años, vivíamos en los entonces incipientes barrios de las afueras de San Francisco, hectáreas y hectáreas de casas estilo rancho construidas para las parejas que después de la Segunda Guerra Mundial estaban formando sus familias. Palo Alto estaba a punto de eclosionar, y había muchos solares abiertos y campos todavía sin urbanizar donde mis amigos y yo explorábamos durante horas y horas. Allí crecían anises silvestres, que sabían a regaliz. Los tomábamos y mascábamos mientras nos aventurábamos por los campos. Como siempre hacen los chicos, encontramos un camino que bajaba hasta los canales de drenaje, un canal de concreto por el que en otro tiempo corría un arroyo atravesando los campos y los robledales de California. Un agujero en una valla es una *invitación* para un niño, hasta un desafío: ¿Qué habrá al otro lado? En los charcos había renacuajos, los agarrábamos con manos y poníamos los inquietos animalitos en tarros de mayonesa llenos de agua turbia, los llevábamos a casa para observar cómo les crecían las patas, se les encogía la cola, se convertían en ranas.

Muchas de las aventuras de la niñez llegan en forma de libros. Yo tenía algunos preferidos como: *Las aventuras de Jerry Muskrat*, *El viento en los sauces*, y *Adiós a Claro Umbrío*. A mis hijos les encantaron las series de Redwall, animales que luchan grandes aventuras y pelean grandes batallas. Lo que nos recuerda que el niño es también un *guerrero* y todos los juegos que desarrolla y batallas que imagina son la preparación para el día en que entre plenamente en la etapa del guerrero. Cuando un niño se imagina como un personaje, casi siempre se imagina como superhéroe o algo parecido. Recuerdo mi sexto cumpleaños. Fue el 6 de junio de 1966. Me levanté para encontrar globos en mi cuarto y un cordel que salía desde la puerta de mi dormitorio, bajaba al salón, pasaba por el lavadero, retrocedía de nuevo hasta el otro salón: un tesoro escondido. Al final había una caja, y en ella el deseo de mi corazón: un traje de Batman. Me emocioné. Me puse el traje y no me lo quité en una semana, corriendo por toda la casa, saltando por los sofás, embistiendo entre las plantas de interior, sin dejar de cantar la canción de la serie.

El niño quiere ser *poderoso*. Eso es lo que hay tras el asunto del superhéroe. Ser poderoso y peligroso, una fuerza a tener en cuenta. Eso es el emergente corazón del guerrero.

Creo que los primeros sonidos que aprendieron a reproducir mis hijos fueron de explosiones, seguidos pronto de metralletas, morteros y otras potentes armas. A la mayoría de niños les pasa esto antes de aprender a hablar. Imagínese a un pequeño, las mejillas hinchadas, un poco de baba por fuera, haciendo *kabomm, kabomm* y *kirch-kirchkirch* con la boca. Es un don, de veras, un talento que los niños reciben de Dios, aunque cuando lo hace una chica suena ridículo. El otro día les estaba preguntando a mis hijos sobre cuáles habían sido algunos de los mejores aspectos de su infancia. Lo primero que salió de sus bocas fue: «Las armas que nos hacíamos, todos los juegos que jugábamos».

Fuimos a Disneylandia cuando Blaine tenía unos ocho años y se pasó todo el día hablando del rifle de chispas de Daniel que se compró en Villa Frontera. Le pedimos que esperara hasta el final de la tarde, porque era bastante difícil ir en la montaña rusa con un mosquete de juguete de más de un metro. Pero acabamos cediendo y se lo compramos hacia las tres de la tarde, porque no podía dejar de hablar de él.

Esa escopeta ha pasado por varias generaciones de desarrollo. Después de que la época de los pioneros y los cowboys diera paso al moderno armamento de las fuerzas especiales y los francotiradores, Blaine la pintó de negro, incluyendo un trozo de tubo de PVC enroscado en el cañón para apuntar. La escopeta ya está lista. Yo mismo la usé, la otra noche, a escondidas de los niños mientras hacían sus tareas escolares. *kirch-kirch-kirch*. Ellos, por supuesto, acabaron las tareas en una media hora porque yo les había declarado la guerra y, como cualquier chico, tenían que responder.

Un mundo de sorpresas

Un hombre me contó una conmovedora historia acerca de un ritual que solía ocurrir cada tarde cuando su padre llegaba a casa. El padre se cambiaba sus ropas de trabajo —un traje de negocios— y se ponía su «ropa de casa», y los hijos registraban sus bolsillos en busca de «tesoros» que podían encontrar en los pantalones de trabajo: una moneda, un bolígrafo, un botón, una golosina. Los tesoros quedaban bajo su cuidado. Así, el regreso a casa de papá era siempre un acontecimiento que trae excitación y deseo. Lo cual es algo maravilloso para vincularlo con la paternidad, sobre todo al hacer la conexión con Dios como Padre, de quien, como dicen las Escrituras: «procede todo lo perfecto» (Santiago 1.17).

Si vuelve a pensar en las películas e historias que reflejan las etapas, verá que esto juega un papel central en cómo el hijo llega a entender cuánto le ama su padre. Balian recibe regalos de su padre: una espada y el anillo paterno, que lo autoriza como heredero; regalos que ayudan a Balian a creer que *es* su hijo. Frodo recibe obsequios de Bilbo, su tío que en la práctica es su padre.

> En la mañana del último día Frodo estaba a solas con Bilbo, y el viejo hobbit sacó de debajo de la cama una caja de madera. Levantó la tapa y buscó dentro [...] Sacó de la caja una espada pequeña, guardada en una raída vaina de cuero. La desenvainó, y la hoja pulida y bien cuidada relució de pronto, fría y brillante. «Ésta es Dardo» dijo, y sin mucho esfuerzo la hundió profundamente en una viga de madera. «Tómala, si quieres [...] Y aquí hay otra cosa» dijo Bilbo.
>
> Y sacó un paquete que parecía bastante pesado para su tamaño. Desenvolvió viejas telas y sacó a la luz una pequeña cota de malla de anillos entrelazados, flexible casi como un lienzo, fría como el hielo, y más dura que el acero. Brillaba como plata a la luz de la luna, y estaba tachonada de gemas blancas, y tenía un cinturón de cristal y perlas. «¡Es hermosa!, ¿no es cierto?» dijo Bilbo moviéndola a la luz. «Y útil además. Es la cota de malla de enano que me dio Thorin». (*La comunidad del anillo*)

Estos regalos acaban salvándole la vida a Frodo.

Algunos de nosotros estábamos hablando de nuestros padres la otra noche, compartiendo algunos de los buenos recuerdos que conservamos de ellos. Morgan nos contó algo parecido a la historia que acabo de contar relativa a su padre, quien tenía la costumbre de jugar al póquer una vez por semana. Los niños tenían que irse a la cama mucho antes de que su padre llegara a casa, pero a la mañana siguiente se levantaban para encontrar sus ganancias en la mesa de la cocina, divididas en pilas para que cada hijo tomara la suya. Un tesoro. Un botín. Sin más motivo que «vosotros sois mis hijos e hijas amados». Gary recordó entonces una vez, cuando era muy joven, que su padre le dijo: «Cuando te levantes de la siesta tengo una sorpresa para ti». Esto deja también un fundamento en el corazón del niño, porque llega a aprender que la vida no es algo que uno tenga que organizar. Hay alguien que cuida, alguien que quiere darle a usted buenos regalos. Piense en la especial y hermosa túnica de José. El joven del que les hablé, Sam, no tendría dudas sobre la piragua si su padre le hubiese dado tesoros en su juventud.

Mi abuelo había dejado de fumar en la época cuando le conocí, y le había tomado gusto a los caramelos LifeSavers como una especie de sustitutos. Siempre llevaba algunos en la guantera de su camioneta y cuando íbamos por la carretera abría la caja y me preguntaba «¿Un cigarrillo?». Me encantaba, me encantan esos caramelos hasta hoy. Había un viejo guarda que vivía en el rancho, un brusco viejo *cowboy* llamado Bill que vivía en un remolque cerca de los caballos. Una tarde de verano Bill quien me había tomado aprecio y me llamó a su remolque y dijo: «Tengo algo para ti». Se metió la mano en el bolsillo y sacó una navaja de bolsillo, la suya, la que había llevado durante años de trabajo en el rancho, y me la dio. Era un gran tesoro, porque un chico con su propia navaja es un niño con posibilidades inagotables ante él. Ese pequeño regalo marcó mi verano.

Hijo amado

Son las experiencias de este tipo las que dicen al corazón de un niño *Nos fijamos en ti. Tu corazón importa. Tu padre te adora.* Porque tenemos que recordar que, por encima de todo, la niñez es el tiempo de afirmación, el tiempo en que un niño llega a aprender, y a hacerlo con profundidad, que es el hijo amado.

En *Salvaje de corazón* he explicado que todo hombre y todo niño se plantea una pregunta en lo más profundo: «¿Tengo lo que se requiere?». Por eso mismo, cuando los niños montan en bicicleta sin manos, aprenden una pirueta en la cama elástica, me quieren allí para *verlo*. Y todas esas locuras que hacen los jóvenes: barranquismo, montar en moto, todas las competiciones deportivas tienen la misma motivación. Esa es la necesidad de validación que tiene el hombre. *¿Tengo lo que se requiere?* Es sin duda una pregunta central, y sigo pensando que es la pregunta vital de la travesía masculina. Pero hay una necesidad previa y más profunda, una que llega en esta etapa y que hay que conocer primero, o el niño no podrá pasar con facilidad a ninguna de las otras etapas.

El niño anhela saber que es valorado.

Esto es mucho más que ser amado de una forma genérica. «Claro que te amo, eres mi hijo». El niño puede percatarse de cualquier falsedad en esa afirmación. Ansía saber que es *amado. Únicamente*. Que ocupa un lugar especial en el corazón de su padre, un lugar por el que no tiene que competir con nada ni nadie. Sin esta certeza en lo profundo de su ser, el niño interpretará mal las etapas y las lecciones que le esperan, porque como joven (*cowboy*) pronto será puesto a prueba y se enfrentará batallas y desafíos como guerrero, y tales pruebas y desafíos suelen sentar como una especie de rechazo o frialdad de parte de Dios, porque tiene el conocimiento previo en lo profundo de su corazón de que él *es* el hijo amado. El hijo de mi mano derecha, como se llamaba Benjamín, o el hijo de mi deleite, como seguramente se conocía a José, o mi hijo amado en quien tengo complacencia, como el Padre dijo de Jesús.

Sin esta base de afirmación, esta profunda seguridad, el varón vagará sin firmeza todo el resto de su vida, intentando demostrar su dignidad y obtener su valía para ser amado a través de acciones o logros, por medio del sexo o de mil otras maneras. Muy a menudo no es consciente de que ésta es su búsqueda. Simplemente se encuentra sin certidumbre en alguna parte profunda de su interior, gobernado por temores y por las opiniones de otros, anhelando que alguien note su existencia. Ansía el consuelo y se le hace difícil porque a los treinta y siete o cincuenta y un años ¿no debería haberlo superado ya? Un corazón joven en su interior está suspirando por algo que jamás recibió.

Aquellas rutas con mi padre por el Oeste, todas aquellas ocasiones que pasamos juntos en una barca en el lago, o buscando piedras, deteniéndonos a tomar un refresco, todas esas veces mi papá me dio algo a mí, a mí solo (ese es el mayor don de afirmación que me dio). No era a regañadientes, ni por obligación. Él *quería* estar conmigo. Disfrutaba de ello. Quería tenerme junto a él. Me tenía en alta estima. Nunca cuestioné eso, al menos, no en mi juventud.

Ahora bien, es cierto que la madre juega un papel crucial en la vida de un niño. De ella aprende el niño misericordia, ternura y amor incondicional. ¿A quién corría usted cuando se lastimaba la rodilla? ¿A quién le contaba usted los problemas que tuviera en la escuela, a mamá o a papá? Papá solía administrar justicia y mamá a ofrecer clemencia. Pero de una forma profunda que es esencial para el viaje masculino, la concesión de la túnica de hijo amado tiene que venir del padre. Este padre tal vez no sea el progenitor biológico, es un padre en modos más auténticos. Pablo llama a Timoteo su hijo amado, y puede imaginar lo que significaba esa palabra para su joven aprendiz (1 Corintios 4.17; 2 Timoteo 1.2)

Mi abuelo también fue un padre para mí en algunos aspectos importantes. Me llamaba «Johnny», fue el único que me llamó así. Oh, cuánto me gustaban aquellos veranos en el rancho. Nos levantábamos temprano y nos dirigíamos a la pequeña cafetería del pueblo para tomar café con leche y rosquillas. La cafetería de Nina era el punto de reunión de los rancheros, sentados a lo largo del mostrador, intercambiando información sobre el tiempo o los precios del ganado. Mi abuelo me sentaba junto a él, en medio de toda la acción. Yo me sentía orgulloso de que fuera mi abuelo y puedo presumir que él estaba a su vez orgulloso de que yo fuera su nieto, Johnny. Me sentía valorado por un hombre a quien yo amaba. Este es el mejor regalo que un chico puede recibir.

Regresemos por un momento a las preguntas de Jesús relativas a nuestros sentimientos sobre Dios como Padre. Jesús parece desconcertado. «¿No valen ustedes mucho más que ellos? ¿No dejará las noventa y nueve y acudirá a la que se ha perdido? ¡Cuánto más su Padre celestial les dará lo que le piden!» Dicho de otro modo: ¿no conocen los sentimientos del Padre hacia ustedes? Jesús sí. Él caminó por el mundo sabiendo que era el Hijo Amado, el Favorecido. Eso fue lo que le dio fuerza para hacer lo que hizo. Como escribió Jan Bovenmars:

> Jesús tenía el corazón de un hijo [...] él sabía que era el Hijo, se sentía como era propio del Hijo Amado, veía a Dios como «Abba» su Padre querido, vivía en un relación Padre-Hijo. La divina relación Hijo-Padre llenaba su corazón humano, era su secreto, su gozo; una percepción constante de ello; una actitud básica que determinaba su conducta. (*A Biblical Spirituality of the Heart* [Una espiritualidad bíblica del corazón])

Esta relación se expresa como nuestro secreto, nuestro gozo también. Se espera que lo *sepamos*. En primer lugar, por medio de nuestros padres terrenales y después por la extensión de paternidad a nuestro Padre celestial. Pero son pocos los que pasan por su niñez manteniendo intacto, sin sombra de duda, este conocimiento.

Herido

En algún momento durante la escuela primaria, no recuerdo exactamente cuándo porque los años empañan los recuerdos, puede que estuviera en cuarto o quinto grado, algo empezó a ir mal en el mundo. Mi padre empezó a desaparecer. Su historia es demasiado larga como para contarla aquí, pero a través de una serie de contrariedades y disgustos, sucesivas pérdidas de trabajos, empezó a beber. Y su afición a la bebida lo atrapó, como una marea fuerte te agarra de las piernas incluso en aguas poco profundas y te lleva hacia el fondo. En su alcoholismo comenzó a apartarse de nosotros, se iba, pero no al trabajo; simplemente se iba, pasaba horas solo en su taller, bebiendo y haciendo crucigramas. Arrastrado al mar. Fue el inicio del colapso de mi familia.

Los viajes de verano llegaron a su fin. Se acabó el ir de pesca. Mamá tuvo que ponerse a trabajar. Yo me iba solo a los *Boy Scouts*, regresaba a casa a un hogar vacío. Me sentía abandonado. Mi mundo dejó de ser un lugar donde sentirme a salvo. Emocionalmente, físicamente, espiritualmente, me quedé huérfano. En lo profundo de mi corazón se asentó una terrible mentira. *Ya no puedes contar con* nadie. Un niño sin un padre, en un mundo peligroso. Los días del hijo amado se acabaron y nunca supe por qué. Tal vez fue por algo que yo había hecho. Quizás podía haberlo evitado.

La cuestión crucial en torno a la etapa del Hijo Amado o cualquiera de las etapas en este asunto es que no sea interrumpida, atacada, inacabada o robada de ninguna manera. Hemos sido diseñados para experimentar el ser amados y ser niños, para empaparnos de ello *durante años*, aprender sus lecciones, tenerlas escritas de manera imborrable en nuestros corazones, para entonces dar el paso de esta etapa a la siguiente, llevando con nosotros todos sus tesoros. Tenemos que progresar hacia la siguiente etapa de la iniciación masculina *con la ayuda de nuestros padres*.

En la mayoría de casos esta etapa nos *es* robada. Con qué rapidez cayeron la traición y la esclavitud sobre José después de que su padre le regalase la túnica de colores, símbolo de su deleite en él. No sabemos con exactitud cuánto tiempo pasó, pero se nos narran estos hechos en el mismo capítulo de Génesis, apenas unos versículos más adelante. El resultado es un severo contraste, el tiempo de ser el hijo amado interrumpido por una traición.

El corazón de un niño resulta herido de muchas maneras. Recibe una herida cuando no vive en un mundo hecho seguro por su padre, cuando no es libre para explorar con audacia y *ser* sencillamente un niño, cuando se le obliga a crecer demasiado pronto. Resulta herido cuando *tiene* este entorno, pero se le acaba con una pérdida repentina de la inocencia. Y, sobre todo, se hiere profundamente a un niño cuando no sabe que él *es* el Hijo Amado. A veces se produce la herida intencionadamente, normalmente no es así, pero esta es la historia de muchos niños, y de muchos de los lectores de este libro, que viven en este mundo, tan lejos del Paraíso.

Recuerdo un joven a quien aconsejé hace años. Era brillante y bien dotado, pero demasiado serio y controlado. Un perfeccionista. Cuando tenía doce años su padre lo dejó, salió para no volver, y el muchacho tuvo que trabajar para ayudar a su madre a llegar a fin de mes. Cortaba el césped a los vecinos, encontraba toda clase de trabajos después de clase. En verano trabajaba como socorrista en la piscina local. Me contó que nunca había jugado en verano, nunca había salido a tomar un helado con sus amigos, nunca se había juntado con ellos cuando se iban a darse un chapuzón. Pero llegó a un alto rango en los Scout, obtuvo excelentes calificaciones, trabajó duro. Pero nadie se percató en absoluto de la tragedia. Un chico intentando hacer de hombre, con el mundo sobre sus hombros.

No hay que obligar a un niño a crecer demasiado deprisa. De eso trata la película *Buscando el país de Nunca Jamás*, en la que a un niño ve arrebatada su infancia por la enfermedad y muerte de su madre. El niño se hace «maduro», es decir, pone a un lado su corazón para que no reciba más daño y actúa como un adulto. En las fotos que vio de su propio padre, Frederick Buechner describe los efectos que sufre un niño a quien se le exige hacerse hombre demasiado pronto:

> Incluso en sus retratos de pequeño aparece hostil, rara vez sonriente, como si supiera que en cuanto se hiciera la foto todo volvería a empezar: mi abuela lo cargaba con las propias cargas de ella más de lo que un niño puede soportar; sus hermanos y hermanas menores esperaban de él algún tipo de fuerza, alguna clase de estabilidad, algo que él tenía que cavar muy hondo en su interior para encontrar; él mismo apenas podía a su edad, casi no puedo imaginarlo, suplir sus propias necesidades. (*The Sacred Journey* [El peregrinaje sagrado])

Hace un par de meses, con unos pocos hombres muy cercanos a mí, estábamos alrededor del fuego después de cenar, hablando de los sueños de nuestra vida. El tema de sobremesa era, «¿Es esta la vida que quieres?». No era una conversación sobre yates en las Bahamas. Estábamos conversando sobre la búsqueda del propósito de Dios para nuestras vidas, con el deseo de vivir la vida para la que Dios nos había creado a cada uno en particular. Craig estaba pasando mal esa conversación. Cuando nos interesamos por su desgana, admitió: «Simplemente no creo que nada bueno se haga realidad». Era una creencia con raíces muy profundas, él mismo podría atestiguarlo, que había dado forma a su vida desde que tenía ocho años. Y junto a ello hay otra historia. Su padre murió en la guerra cuando Craig tenía siete u ocho meses, un hecho del que se enteró una tarde cuando, a los ocho años de edad, su madre y el hombre a quien él consideraba su padre se sentaron en el salón y le dijeron: «Este hombre a quien llamas papá no es tu padre. Tu verdadero padre murió en combate. Este es tu padrastro».

«Recuerdo cada detalle del salón ese día: cómo era el sofá, el periquito. El tiempo se detuvo. Al mirar atrás puedo ver que ese fue el punto de inflexión en mi vida. De alguna horrible manera fue el punto definitorio. Morí entonces». Una súbita pérdida de la inocencia, el mundo de un niño despedido de su órbita, a veces para no ser jamás recuperado.

Finalmente está la herida que viene cuando el niño sabe muy bien que *no* es el hijo amado. Precisamente esta semana estuve hablando con un hombre que está empezando a ver esto ahora, a sus cincuenta y cinco años. Sus padres fueron misioneros en Suramérica, su padre estaba ocupado casi siempre en los «asuntos de iglesia». «Me sentía como si ellos, los bolivianos, fuesen para él más importantes que yo. No jugaba nunca conmigo, apenas estaba en casa. Siempre me sentía como que, si mi padre tuviese una foto de algún niño en su cartera, sería la de un niño boliviano». Él nunca, en ningún momento, se sintió valorado por su padre. Hasta el día de hoy este hombre lucha con volverse a Dios como Padre bueno y amoroso. «Porque él me quitó a mi papá».

Este tipo de rechazo puede ser sutil, estar oculto, para un padre ocupado con «asuntos más importantes», o que simplemente ha desertado. Un amigo me habló de todas las noches que se había sentado a la puerta del estudio de su progenitor, la puerta cerrada con llave desde dentro. Su padre era un hombre motivado, adicto al trabajo, y no tenía tiempo ni afecto para el niño. Me contó, entre lágrimas, cómo se sentaba a sus nueve o diez años al otro lado de la puerta de él, le escribía notitas y se las pasaba por debajo, esperando que también por allí le llegara alguna nota de respuesta. Nunca hubo respuesta. Ninguna. Nunca. El mensaje era claro: «No eres apreciado. No me preocupo ni un poco por ti. No eres ni serás mi hijo amado».

Y también hay historias violentas, niños que sufren abusos o golpes de parte de su padre. Los niños que han soportado años de abuso emocional, recibiendo cada noche gritos como: «No vales para nada». Sean cuales sean los detalles de la historia, al niño se le arrebata tanto su padre como la profunda y fundamental bendición de ser el Hijo Amado. Esto es el primero y más devastador revés contra el alma de un hombre.

El maligno que hay tras todo mal

En el mítico relato de *El rey león*, el cachorro Simba es separado de su padre a través de un asesinato planeado por su tío, Scar, el personaje que simboliza el mal en esa historia. Scar lo organiza todo para que el cachorro caiga en medio de una estampida de ñus, sabiendo que su padre, Mufasa, arriesgará su vida para salvar a su hijo. Así lo hace, y Simba se salva, pero Mufasa muere. Scar se vuelve entonces a Simba y lo acusa, en un momento de tanta vulnerabilidad y desesperación, de haber provocado la muerte de su padre. Con el corazón roto, aterrado, atormentado por la culpa, Simba se marcha del hogar.

Este es el propósito central del enemigo: separarnos del padre. Se vale del descuido de que somos objeto para susurrar: *Ya lo ves, nadie se preocupa por ti. No eres digno de que se interesen por ti.* Se vale de una repentina pérdida de la inocencia para susurrar: *Este es un mundo peligroso y estás solo. Te han abandonado.* Usa los ataques y abusos para gritarle al niño: *Solo eres digno de eso.* Así hace casi imposible que sepamos lo que Jesús sabía, hace muy, pero que muy difícil volver a casa al corazón del Padre que está por nosotros. Para cada niño los detalles de cada relato son únicos, pero el efecto es siempre una herida en el alma y, con ello, separación y recelo del Padre.

Esto le ha dado mucho resultado.

Pero Dios no desea que la historia termine así. No lo desea para nadie. Recuerde que Jesús nos enseñó acerca del corazón del Padre en la parábola del hijo pródigo: «Todavía estaba lejos cuando su padre lo vio y se compadeció de él; salió corriendo a su encuentro, lo abrazó y lo besó» (Lucas 15.20). Lleno de compasión, nuestro Padre Dios vendrá como un Padre de amor y nos pondrá junto a su corazón. También nos tomará para sanar las heridas, terminar lo que esté incompleto. Vendrá en busca del niño, no importa lo viejo que sea ya, y lo convertirá en su Hijo Amado. Llegados a este punto podemos orar:

> Padre, ¿qué es lo que he perdido en esta etapa? ¿Supe que era el Hijo Amado? ¿Lo creo ahora? Ven hasta mí, en este lugar, por encima de estos años. Háblame. ¿Creo que quieres cosas buenas para mí? ¿Está mi corazón seguro en tu amor? ¿Hasta qué punto estaba herido mi joven corazón en mi niñez? Y, Jesús, tú que viniste a sanar el corazón herido, ven aquí a mí. Sana esta etapa de mi corazón. Restáurame como Hijo Amado. Sé mi Padre.

Cómo hacer que surja el Hijo Amado

Permítame que lo relacione con algunos de los puntos de mi historia. Seguro que recuerda aquellos viajes estivales con mi padre, aquellas horas de pesca juntos y cómo me decía con toda claridad, *Tú eres el hijo amado.* Ya ve qué dimensiones adquirió la devastación cuando en cuarto o quinto grado se vino abajo mi mundo. Perdí a mi padre, se acabaron los viajes de pesca. Creo que en cierta forma sentía aún más la pérdida porque *sé* que mi padre se deleitaba en mí, durante un tiempo, y eso me fue arrebatado. En el capítulo 1, he contado cuánto deseaba llegar a ser un pescador con mosca y he hablado del guía que «hizo de padre» conmigo en Platte Sur. ¿Entiende ahora por qué era tan importante aquello para mí? Fue algo que habló directo a mi herida. Dios no preparó unas lecciones de tenis, organizó un viaje de pesca. Siento curiosidad: ¿cómo será esto en el caso de usted? Tal vez la pesca no está entre sus deseos profundos, pero ¿cómo le *gustaría* recibir esta paternidad en la actualidad?

> El pueblo de Efraín es para mí un hijo amado;
> es el hijo que más quiero.
> Aun cuando lo reprendo,
> no dejo de acordarme de él;
> mi corazón se conmueve
> y siento por él gran compasión.
> Yo, el Señor, lo afirmo. (Jeremías 31.20, dhh)

Coloque su nombre en este versículo, donde habla del «pueblo de Efraín» (una designación para el pueblo de Dios, al cual usted pertenece). Imagine que el corazón de Dios rebosa de anhelo por usted. Este es el mensaje de Jesús: hay un Dios bueno y amoroso que se interesa con gran intensidad y pasión por usted. Él ansía ser ahora mismo su Padre. Va a acercarse más, si usted lo permite. No importa la edad que tengamos, nuestro Padre verdadero quiere que experimentemos lo que es ser sus hijos amados, con todas las alegrías que ello comporta. Pero eso requiere que abramos nuestros corazones, lo que nos hará volver a alguna de nuestras más profundas heridas y a la amargura y resignación que tanto tiempo han mantenido cerrados nuestros corazones. Dios hace esto para poder traer su amor y sanidad al huérfano de nuestro interior, al niño que sigue necesitando saber que es el hijo amado.

Y así, para empezar, puede usted preguntarse: «¿Tuve un padre con el que me sentía seguro?» y «¿Mi padre me valoraba?», «¿Se me invitó a ser un niño? ¿Tuve la oportunidad de vivir la vida de niño tal como tenía que ser?». Tal vez quiera escribir sus propias respuestas a estas preguntas, sobre todo a la consecuente «¿Por qué… o por qué no?». Cuente la historia, al menos para usted mismo, o para Dios.

El Padre hará muchas cosas para intentar que volvamos a mirar este anhelo en nuestro corazón: el anhelo de un padre, el deseo de ser valorados, de ser el Hijo Amado. Para ello no necesito más que la película *El río de la vida*. Le cautivaría con una historia muy familiar a la de usted, una historia que de alguna manera habla de usted. Eso le ocurrió a un amigo, Paul, que vino a verme en uno de nuestros retiros, cuando vio una escena de *El indomable Will Hunting*. En realidad, Paul estaba a punto de marcharse. Estaba removiendo demasiadas cosas en él y quería salir. Se encontraba ya camino a la puerta de salida cuando llegó la parte de la película en que Will se enfrenta a la herida de los abusos físicos de su padre adoptivo, y Paul se sentó en los escalones y empezó a llorar. Porque esa era su historia también. El Padre lo había cautivado, había sacado su corazón herido a la vista desde las profundidades de su alma, para que pudiese hacer el duelo debido y para que pudiera abrir esa parte de su corazón a Dios. Aquel día Paul se hizo cristiano.

Piense en lo que usted ama y en qué anhelaba usted de niño. Cuando mi amigo Gary era un niño, su padre le dio un rifle «Rifleman», un juguete basado en la vieja película del oeste de Chuck Connors. «Era mi juguete favorito», contaba. Pero un matón del barrio lo rompió; lo agarró sin más de las manos de Gary y lo rompió contra un árbol. «Creo que fue entonces cuando empecé a desconfiar en las personas», dijo Gary. Cuarenta años después, la pasada Navidad, la familia de Gary le regaló un auténtico Winchester 30/30. Había recuperado su afición a las escopetas, y el Padre había estado haciendo su papel paternal de esta íntima manera. Gary va con frecuencia al campo de tiro, solo, con su rifle, para estar con Dios.

Curtis es un joven amigo mío que se hizo abogado no hace mucho tiempo. Poco después fue padre. Sus noches se hicieron tan ajetreadas como sus días y supo que necesitaba algún tiempo para dedicarlo en exclusiva a su corazón. «Curtis, ¿qué solía gustarte de niño?». Pregunté, a lo que contestó, «Béisbol». Él jugaba todo el tiempo, pero la vida acabó impidiéndoselo y se marchó para siempre uno de los amores de su vida. Como la mayoría de hombres, él simplemente dio por sentado que así era. Se fue. Me vi con él unos seis meses después en un encuentro y me dijo si podía comentarme algo. «Es tremendo» dijo. «Le pregunté a Dios qué tenía para mí y me dijo "béisbol". Me creí loco, pero busqué en una liga local y descubrí que necesitaban un jugador. Ha sido lo mejor que he hecho en mucho tiempo» comentó, con una gran sonrisa en el rostro.

Se puede resucitar el corazón de los niños y jóvenes que nos rodean, no importa la edad actual; podemos *saber* que somos valorados, que tenemos un lugar en el corazón de nuestro Padre por el que no tenemos que rivalizar con nada ni nadie. *Somos* sus hijos amados y podemos empezar a experimentarlo en forma profundamente personal.

> Padre, necesito saber que soy tu hijo y que hay un lugar para mí en tu corazón que nadie más puede ocupar. Necesito experimentar tu amor. Cría al huérfano que hay en mí. Llévame de vuelta a aquellos lugares en los que me sentí tan ignorado y muéstrame que te importa mi corazón. Dame ojos para ver y oídos para oír cómo estás educando el corazón del niño que hay en mí, educándome incluso ahora en la seguridad de ser amado. Sana y restaura mi alma para ser la de un hijo, la de tu Hijo amado. Dame la gracia para creerlo.

4 El *cowboy*

Jesús siguió creciendo en sabiduría y estatura,
y cada vez más gozaba del favor de Dios
y de toda la gente.

—Lucas 2.52

En la parte noroeste de Wyoming, debajo del más popular (y frecuentado) Parque Nacional Yellowstone, hay una cordillera de montañas que podrían considerarse las más impresionantes y hermosas de toda Norteamérica. Empujadas por la colisión de dos bloques masivos de la corteza terrestre, las Tetons se levantan abruptas, buscando el cielo violentamente desde el suelo del valle, como una gran muralla, coronadas con puntiagudas cumbres y agujas. La más alta es el Grand, con más de 4.000 metros por encima del nivel del mar y uno de los picos clásicos del montañismo mundial. El 1 de agosto de 2002, nos hallábamos en lo alto de una cresta de su cara sur, con las primeras luces del día, intentando llegar a la cima. La cumbre Exum toma su nombre de Glenn Exum, el hombre que primero la ascendió, solo y sin protección. Ese pico es «sin duda una de las más espectaculares rutas de su gama en todo el mundo» como dice el servicio de guía, con «sensacionales paredes». Es decir, hay lugares en la cumbre donde el precipicio tiene una caída de 600 metros o más.

Estábamos ocho en la cumbre, agarrados a las cuerdas en dos equipos: mi hijo Samuel, con trece años entonces, y yo, Morgan y nuestro guía. En el otro estaban Gary y su hijo de quince años, Jesse, además de otro joven y su guía. Culminamos el Grand en dos equipos de cuatro, usando amarre de cadera. En este sistema el escalador que va en cabeza asciende hasta una cornisa, un saliente o cualquier lugar en el que pueda apoyarse, o mejor sentarse, con las piernas bien aferradas a la roca de manera que si su compañero de más abajo cae él no salga despedido. Es una elección en aras de la velocidad, más rápida que usar varios aperos para poner y quitar la protección fija en cada punto de amarre. La rapidez es una de las cosas no negociables en el Grand. Uno quiere llegar y dejar la cumbre antes de que se empiecen a ver las habituales tormentas vespertinas del Oeste, con sus letales rayos. El verano siguiente murió un alpinista y varios resultaron gravemente quemados por un rayo en el Exum Ridge, justo por donde estábamos ascendiendo nosotros.

Una vez emprendida la escalada de una pared no hay vuelta atrás, no es posible escalar en sentido inverso. Solo se puede salir llegando arriba. Cuanto más rápido mejor. Esto añade al drama de la escalada, enfrentándose a cada difícil movimiento de la escalada sin más remedio que hacerlo. Varias veces he realizado un movimiento o he superado una parte y he pensado en mi interior: *Espero que Sam pueda hacer esto, nunca ha hecho un movimiento como este.* Hemos hecho bastante escalada, con maniobras mucho más difíciles que las del Grand, excepto por los cientos de metros de caída libre por tres lados. No hay nadie que le vaya ayudando ni podemos comunicarnos más que con un tirón de la cuerda para decir: «Asegurado, puedes avanzar» y «De acuerdo, subo». Hay unos veinticinco o treinta metros de cuerda entre nosotros y, dada la superficie arqueada de la pared, uno no puede ver a los demás escaladores hasta que se acerca a ellos, o viceversa.

Planificamos la expedición como una parte del «año de búsqueda de la visión» de Samuel, un año dedicado a su paso de la etapa de Hijo Amado a la de joven, a la de *cowboy* (hablaré más de la iniciación de Sam en un próximo capítulo). Sin embargo, lo que ocurrió fue que demostró ser crucial para cada uno de nuestros corazones, porque cada uno de nosotros estaba todavía necesitado de la compañía de un padre aquí, en la aventura, hacia una fuerza y un coraje que no estábamos seguros de tener pero que deseábamos desesperadamente saber que teníamos. Así que asumí mi posición, le señalé a Sam la cumbre y esperé y rogué que hiciera cada maniobra como yo en la cuerda que señalaba su ascenso. Mis fotos instantáneas favoritas, la mayoría impresas en mi mente, eran de los momentos en los que veía aparecer a Sam, con una amplia sonrisa, aproximándose a mi última posición de anclaje. Intercambiábamos un pequeño saludo con las manos y una palabra de ánimo, pero Morgan solía estar tirando del extremo de mi cuerda y diciendo: «Vamos».

Aventura

Yo situaría el inicio de la etapa del *cowboy* (o soldado) en la temprana adolescencia —en torno a los doce o trece años— y su duración hasta los veintitantos. Pero debo recordarles en seguida que las etapas se superponen. ¿Qué pequeño no quiere aventura cuando desciende cuesta abajo en su trineo o aprende a trepar a un árbol? ¿Qué cincuentón no necesita pasar tiempo fuera, al aire libre? Pero en el alma del niño, a medida que se acerca a la adolescencia, empieza a producirse un cambio importante, un anhelo de aventura *real*. Algo en su interior le dice que tiene que probarse a sí mismo, que tiene que ser puesto a prueba. Quiere aprender cómo hacer las cosas: manejar el auto, cazar pájaros, hacer un *entrepiso* en su cuarto. Y la gran pregunta del alma masculina empieza a presentarse en prácticamente todo lo que hace un niño que se está haciendo un hombre: *¿Tengo lo que se requiere?* En la etapa del *cowboy* la respuesta llega en parte por medio de la aventura y en parte a través del trabajo duro.

En todo lo que recuerdo de mis años de crecimiento, era fatal en los deportes. Ni una vez me eligieron cuando había que escoger los equipos para jugar a la pelota. Yo era parte del grupo de «sobrantes» que los capitanes de los equipos se repartían como una concesión. ¿Qué le enseña esto sobre sí mismo a un niño? Y cuando me apunté al equipo de baloncesto de la escuela media solo conseguí estar en el equipo B, pasando todo el tiempo en el banquillo. Siempre me eliminaban cuando jugaba a béisbol, era demasiado lento para intentar siquiera clasificarme para el equipo de atletismo. Era humillante. Todos mis amigos eran atletas y pronto me encontré mirándolos desde fuera. Yo no tenía las facultades con que ellos parecían estar dotados. Eso es algo que puede vencerse cuando un muchacho tiene determinación y un entrenador, pero mi papá ya no estaba conmigo en ese momento, de modo que no tenía quien me entrenase. Eso fue una gran causa de vergüenza para mí. En octavo grado dejé de intentarlo y ya nunca más pretendí entrar en un equipo.

Pero dentro de mí había un deseo ardiente de aventura y desafío, y encontré que lo que mi alma necesitaba en el rancho de mi abuelo y en las montañas. En el rancho aprendí a ensillar y montar caballos, a conducir los rebaños —algo que ninguno de mis amigos de la ciudad sabría hacer— y eso me proporcionó la fuerza y la seguridad que necesitaba con desesperación. Nunca olvidaré el primer día en que cabalgué sobre un caballo. El abuelo y yo estábamos en el campo, chequeando los surcos de irrigación. Él había bajado del caballo para arreglar una puerta y yo hice como que casualmente me alejaba con mi caballo hasta que me encontré en la colina fuera de su vista. Me latía fuerte el corazón y tenía el estómago encogido, pero algo en mi interior necesitaba hacerlo. Había llegado el momento. Espoleé a mi caballo, le dije *cleck-cleck* y arrancó a galopar. El abuelo nunca lo vio, no sé por qué me daba vergüenza intentarlo delante de él. Pero a partir de ese día fui un jinete totalmente distinto, confiado, deseando arrancar al galope tras cualquier novillo o descender por cualquier barranco.

En los *boy scouts* fue donde me acostumbré a la mochila, adquirí algunas nociones de primeros auxilios y conseguí algunas insignias. También aprendí a usar un lenguaje más colorido. Pero las verdaderas aventuras comenzaron cuando empecé a salir con mi mochila yo solo, con solo un amigo o dos. Un verano estaba en lo alto de Sierra Nevada con mi amigo Kevin cuando nos alcanzó una tremenda tormenta con un chaparrón que duró horas. Habíamos dejado nuestra tienda en una pequeña cañada rodeada de granito y, después de una hora o dos de jugar a las cartas, notamos que el suelo de nuestra tienda estaba empezando a chorrear y a ondularse como una cama de agua. Lo que había ocurrido es que toda la región era un inmenso campo de roca y las pequeñas cañadas de pino y hierba eran en realidad sus desagües, que empezaban a mojarse y se llenaban de agua cuando la escorrentía se infiltraba por todos los lugares bajos.

Los sacos de dormir estuvieron pronto empapados, junto con todo lo demás, y empezamos a preocuparnos por la posible hipotermia. Como éramos cristianos recién convertidos empezamos a orar pidiendo ayuda a Dios. Al cabo de cinco minutos ya no llovía y recogimos todo nuestro equipo y la tienda —todavía en pie— para llevar todo el campamento a un lugar más alto, a salvo de la escorrentía. Volvimos a plantar la tienda, metimos dentro los aparejos y a nosotros mismos cuando empezó a llover de nuevo. Nos reímos y dimos gracias a Dios, pensamos que así es como todos vivían la vida cristiana. Después reemprendimos nuestra partida de póquer.

Al año siguiente —creo que tenía diecinueve años— hicimos un viaje por el Oeste. Yo tenía un Volkswagen Squareback del 68, mi primer auto (el primer auto de un hombre es una parte importante de la etapa *cowboy*). Tenía un convertidor que cambiaba el funcionamiento del motor estándar (y lento) de inyección al modo de carburación aérea, que lo convertía en un auto increíblemente rápido y ruidoso. Velocidad y ruido equivalen a felicidad cuando uno es joven. Tal vez recuerde que los Squarebacks tenían el motor detrás, bajo un panel, pero los carburadores al aire no permitían cerrar el panel, de manera que el mío sonaba como si tuviera un avión dentro. Había que gritar para tener una conversación. También provocaba que fuera cálido en invierno pero insoportable en verano. Así que recorríamos las autopistas del Oeste con las ventanillas bajadas y la música a toda marcha.

Nos quedamos sin combustible en alguna parte de Wyoming, en lo alto de las montañas, lejos de cualquier ciudad. Habíamos estado tan concentrados en hallar un «punto secreto para la pesca» del que nos había hablado un lugareño, que dejé de observar el nivel de gasolina y cuando nos detuvimos miré para descubrir que estábamos corriendo con el fondo de la reserva. Me sentí como un idiota. Estábamos a más de treinta kilómetros del pueblo. Éramos cristianos recientes, así que oramos y pedimos a Dios que nos ayudara. Oraciones sencillas pero de corazón. Escuché a Dios responder, *Les traeré gasolina*. Esa fue la primera vez que escuché la voz de Dios. Con una fe infantil, pensé, *Genial, vayamos a pescar*. Dejamos el auto cerca de nuestro lugar de acampada y caminamos unas horas hasta el río. Cuando regresamos, había allí un grupo de jóvenes parados:

—Esta tarde vamos al pueblo. ¿Necesitan algo? —dijeron.

—Sí, ¿puedo ir con ustedes? Tengo que comprar gasolina.

—No hay problema, te la compramos —contestaron.

Así que volvimos a la pesca.

«Echarse a la carretera» suele representar una parte importante de la etapa del *cowboy* (o soldado), como se ve en los hobbits de *El señor de los anillos*, y con Balian en *El reino de los cielos*, igual que con un grupo de jóvenes de mi película del Oeste favorita, *Los cowboys*. John Wayne interpreta su típico papel de viejo duro, en este caso es un ranchero que no logra encontrar suficientes hombres para llevar sus rebaños los más de seiscientos kilómetros que lo separan del mercado. Se ve obligado a contratar muchachos de quince años o menos. La historia consiste en el proceso de madurez de esos chicos. Emprenden juntos el camino en una gran y peligrosa aventura que requiere audacia y coraje, trabajo duro y determinación, cosas que un niño en trance a la juventud tiene que aprender para enfrentar la vida que le espera.

El poder de la experiencia

Hay un viejo proverbio africano que dice: «Oigo, olvido. Veo, recuerdo. Hago, entiendo». Cuánta verdad se ve en esto cuando se trata de la iniciación masculina. Los hombres, y los niños, aprenden por el *hacer*, aprendemos por medio de la experiencia. Esto es igualmente indudable en el caso de las mujeres, pero puedo garantizar que es esencial e insustituible para los hombres y los niños. Una cosa es que le digan que tiene lo que se requiere y otra cosa es *descubrir* que lo tiene, a través de algunas pruebas que trae la aventura, o mediante algunos desafíos que exigen un trabajo duro. La experiencia es tanto una revelación como una forma de llevar a cabo algo que le revela a usted de qué está hecho y escribe una lección en su corazón.

Y es que la iniciación masculina no es un deporte para espectadores. Es algo en lo que hay que *introducirse*. Consta de una parte de instrucción y nueve partes de experiencia.

Esto es lo que hay tras la historia de David y Goliat que mencioné en el capítulo 1. Los ejércitos de Israel se habían desplegado contra las tropas filisteas, pero no había salido ni una flecha de un arco. La razón era evidentemente Goliat, un mercenario de tremendo tamaño y fuerza, famoso por su destreza en el combate. Ya había matado a muchos y nadie quería ser el siguiente. David es apenas un adolescente cuando acude al campamento y ve lo que está pasando. Se ofrece para pelear con el gigante, lo traen ante el rey, quien más bien intenta disuadirle: «¡Cómo vas a pelear tú solo contra este filisteo! replicó Saúl. No eres más que un muchacho, mientras que él ha sido un guerrero toda la vida» (1 Samuel 17.33). Acertado consejo, del estilo de los que supongo que cada uno de nosotros ofreceríamos bajo las mismas circunstancias. David contesta:

> A mí me toca cuidar el rebaño de mi padre. Cuando un león o un oso viene y se lleva una oveja del rebaño, yo lo persigo y lo golpeo hasta que suelta la presa. Y si el animal me ataca, lo sigo golpeando hasta matarlo. Si este siervo de Su Majestad ha matado leones y osos, lo mismo puede hacer con ese filisteo pagano, porque está desafiando al ejército del Dios viviente. El Señor, que me libró de las garras del león y del oso, también me librará del poder de ese filisteo. (vv. 34–37)

El ser pastor, como expliqué antes, es la etapa del *cowboy*, y David aprendió entonces lecciones que le acompañarían el resto de su vida. La vida del pastor no era una suave escena rodeada de corderitos. Era un trabajo arduo, a la intemperie, acampando solo en lugares desiertos durante meses. Y eso producía su efecto. Hay una firme confianza en el muchacho: sabe que tiene lo que se requiere. Pero no es arrogancia, sabe que Dios ha estado con él. Se enfrentará a Goliat con su mejor tiro, confiando en que Dios hará el resto. Este «saber» es lo que perseguimos en la fase del *cowboy* o soldado, y solo llega con la experiencia. Tal vez debería destacar que las experiencias que menciona aquí David eran físicas por naturaleza, eran peligrosas, exigían valor.

Trabajo duro

Una calurosa mañana de julio del verano de 1973, mi abuelo me llevó a un campo donde tenía estacionado un viejo tractor Massey Ferguson rojo. Enganchado al tractor había un enorme arado. Me explicó que quería tener el campo arado para poder plantar alfalfa y me mostró cómo quería que los surcos fuesen perpendiculares al terreno para permitir el uso óptimo del riego. Acto seguido me dijo: «Te veré a la hora de cenar» y se fue. Me quedé perplejo. Hasta ese momento yo solo había usado el tractor un poco cerca de los graneros para pequeños trabajos. Y ahora aquí estaba él, confiándome unos medios de gran potencia a un nivel totalmente distinto. De pie allí en el campo, me sentí un poco asustado. Y hondamente honrado. Él piensa que tengo lo que se requiere. Tenía trece años entonces.

No quiero esperar para decir que la época del *cowboy no* debe ser simplemente un tiempo de aventura sin fin. Muchos jóvenes huérfanos encuentran vitalidad en algún tipo de aventura como el piragüismo o el *snowboard*, y se quedan ahí convirtiéndolo en su mundo. Adoptan la cultura del deporte, el lenguaje y la vestimenta que los identifica como aventureros a la última. Tal vez se busquen un trabajo en un centro turístico o como guías, para poder hacerlo las veinticuatro horas. Pero la aventura pierde su trascendencia y acaban encontrándose atascados en su viaje. Son los Peter Pan de hoy, reacios a madurar. Por fuera parecen vivos y libres, y valientes. Por dentro están inseguros y carecen de base en que apoyarse. Han roto el corazón a muchas jóvenes que amaban al aventurero y no entendían por qué no avanzaban hasta el guerrero, el enamorado y el rey.

En este punto, el equilibrio para la aventura es que esta temporada en la vida de un joven es tanto un tiempo de aprendizaje como de trabajo. No hay duda de que David vivió muchas aventuras en los campos, como sabe cualquiera que ha pasado tiempo al aire libre. La aventura suele encontrarlo a uno ahí afuera. Pero el contexto de aquellos meses y años era *trabajo duro*. ¿Era Jesús alguien que pasaba mucho tiempo al aire libre? No lo tenemos registrado, pero lo encontramos muchas veces volviendo a los lugares desiertos durante sus años de ministerio, y no sería descabellado suponer que esas caminatas en el desierto y esas noches en la montaña no empezaron de repente cuando inició su ministerio. El hecho de que regresara a esos lugares para reconfortarse y renovarse, y para estar con el Padre, da a entender que llevaba tiempo haciéndolo. Sabemos que trabajó en la carpintería, y eso es más significativo de lo que entienden la mayoría de descripciones de Jesús. Trabajar con tablas y herramientas, hombro con hombro junto a su padre, tiene un efecto en un joven que pocas otras situaciones presentan.

Este es el secreto de la sencilla sabiduría de la película *El hombre de río Nevado*, otra historia de un joven que adquiere la madurez. Jim, un muchacho de unos diecisiete años, ha vivido con su padre en las áreas rurales de río Nevado, en Australia, desde su infancia. Es un Hijo Amado que trabaja con su padre con madera, herramientas y caballos. Cuando su padre muere en un accidente durante la tala, Jim se enfrenta con los otros hombres de montaña que han labrado sus vidas en las tierras salvajes: «Tienes que ganarte el derecho a vivir aquí» le dijeron, dejando claro que Jim tenía que probarse a sí mismo antes de ocupar el lugar de su padre. Pueden parecer palabras crueles para un joven huérfano, pero es justamente lo que el joven necesitaba oír. Así pusieron a Jim en su camino para llegar a ser ese hombre. Se pone a trabajar como jornalero en un gran rancho del valle, conquista el corazón de la chica, demuestra su valía y su integridad cuando todo está en duda. Se convierte en el *hombre* de río Nevado.

Hay otra vieja película, *Capitanes intrépidos*, que cuenta la historia de un pescador de fletán de Massachusetts a principios del siglo XX. También se desarrolla en torno a la transformación de un muchacho. Harvey Cheyne es un niño rico de doce años, hijo único de un magnate viudo. Es un niño consentido, pero no un Hijo Amado. Su ocupado padre no tiene tiempo para él. El chico cae por la borda del trasatlántico en el que viajaba con su padre a Europa. Lo rescata un pescador. Al principio, el chico resulta ser una auténtica molestia. Pero el pescador lo ampara, se hace su compañero de a bordo y experimenta algo de lo que significa ser el Hijo Amado. Aprende a trabajar —algo que nunca había hecho en su vida— y el efecto sobre él es impresionante.

Tuve un trabajo de verano en una empaquetadora de patatas, no lejos del rancho de mi abuelo, cuando tenía quince años. Mi abuelo había sido capataz en aquellas instalaciones cuando era joven y mi padre, mi tío y mis primos también habían pasado tiempo allí, cargando los sacos de veinte kilos en las cintas que los transportaban a los vagones que esperaban fuera. De modo que aquel trabajo se había convertido en una especie de tradición en los jóvenes de nuestra familia. Por supuesto, mi padre se casó, se fue a la ciudad, y yo regresé a la empaquetadora de patatas en mi condición de chico de ciudad forastero en aquel pueblo de dos mil habitantes. En aquel tiempo todos los trabajadores eran inmigrantes, hispanos que no hablaban inglés, y lo pasábamos muy bien, nos entendíamos en las risas y las bromas que gastábamos cuando el capataz no miraba. Era un trabajo duro y cuando regresaba al rancho comía como un oso y luego me iba a dormir hasta el día siguiente.

Este tipo de iniciación era común para todo niño-que-se-está-haciendo-un-joven antes de la revolución industrial. Pero no hace falta que viva usted en una granja para experimentar esto En absoluto. Hasta hoy, mi trabajo favorito es el que realicé como ujier en mi iglesia. Éramos tres o cuatro en el equipo, pasábamos la aspiradora, limpiábamos los baños, colocábamos las sillas para el culto del domingo. Pintábamos y arreglábamos el tejado, entre toda clase de trabajitos en los que, de nuevo, pasábamos la mayor parte del tiempo riendo, haciendo bromas sobre los ministros, metiendo notas anónimas en sus buzones. A la hora del almuerzo jugábamos a baloncesto en el gimnasio, y acabamos atrayendo al resto de empleados a nuestros juegos. Me han dicho que hoy día se mantienen esos juegos. Me encantaba ese trabajo sencillo y duro, aprendí muchas cosas que todavía me sirven. Excepto a reparar aspersores.

La vida es dura. Mientras es el Hijo Amado, el niño está muy protegido de esta realidad. Pero el joven necesita saber que la vida es dura, que no discurre a su gusto. Mamá solía amoldarla a gusto de él, suavizándola, calentándola o enfriándola al gusto del niño. La vida viene más bien de la manera como lo hacía papá: con pruebas, como en una larga caminata o intentando reemplazar un tubo de escape. Hasta que un hombre aprende a tratar con el hecho de que la vida es dura, pasará sus días persiguiendo lo que no debe, usando todas sus energías en el intento de hacerla confortable, suave, agradable, y esa no es forma de pasar la vida para un hombre.

Herido y sin desarrollar

El corazón del *cowboy* está herido —o, al menos, sin desarrollar, pero más a menudo herido— en un joven si nunca se le permite tener aventuras, y queda herido si no hay quien lo lleve a ellas. Resulta herido si no tiene experiencias de trabajo que construyan su confianza. Y, en ambos casos, recibe una herida si la aventura o el trabajo es superior a su capacidad, inadecuado para el corazón del muchacho y fracasa repetidamente en él.

Creo que ya he contado la historia de un conocido cuya madre, cuando era niño, no le dejaba montar en la montaña rusa. Podía contemplarla, día tras día, porque solo un solar vacío separaba su casa del parque de atracciones. Pero no podía conseguir el permiso para unirse a sus amigos en la aventura. Eso es algo castrante, y se aplica a los padres que nunca dejan a sus hijos montar en bicicleta en caminos de tierra, les prohíben trepar a un árbol o saltar en la cama elástica, y los mantienen dentro de casa la mayor parte del tiempo. Pueden decir que solo les mueve el amor y la preocupación por su hijo, pero el mensaje es: «Vas a hacerte daño. No puedes manejar eso. No tienes lo que se requiere». A menudo es la voz de la madre, quien tiene una naturaleza clemente pero que debe aprender a dejar que su hijo se enfrente al peligro.

De hecho, el niño resulta herido cuando sus padres le dejan simplemente vivir delante del televisor, o de la computadora, o de los videojuegos que encantan a los jóvenes. No tengo nada contra las computadoras o los videojuegos en sí (excepto la advertencia de que algunos juegos son de contenido perverso y deberían ser enviados al abismo). En general son buenos y gustan a los jóvenes porque funcionan en el mismo estilo que sus cerebros, con relaciones espaciales y todo eso, pero me preocupa *mucho* que se conviertan en el sustituto de una aventura *real*.

En su estudio del desarrollo de la homosexualidad masculina, Joseph Nicolosi se muestra especialmente preocupado por los niños que tienen miedo a salir y jugar con los otros chicos del barrio. Los llama niños «de la ventana de la cocina», que se quedan dentro y meramente observan a los de afuera. Algunos son más intrínsecamente temerosos que otros; algunos más se hacen miedosos por causa de unos padres sobre protectores. Sea como sea, recluir así al niño lo deja herido.

Resulta mutilador proteger a un joven de todo lo peligroso. Sí, hay riesgos implicados y, a medida que el joven progresa hacia sus quince o veinte años, esos riesgos materiales aumentan de forma dramática. Yo no permito a mis hijos que circulen a 140 km por hora en un vehículo para todo terreno, aunque les gustaría. La paternidad implica sabiduría, pero hemos de aceptar que también supone riesgo. Puede usted recordarlo a partir de la película *Alma de héroe*, durante el debate sobre si dejar a Red que vuelva a montar después del accidente, porque podía sufrir daños añadidos. Es otro jockey quien les advierte, «Es preferible romper la pierna de un hombre que romperle el corazón».

Por otra parte, este fin de semana me han contado la historia de un joven que trabajaba con su padre en un rancho mientras se hacía mayor. Pasó sus veranos en las tierras altas, entre rebaños de vacas sin agua corriente, y se pasaba el día sobre el caballo desde el amanecer hasta bien tarde. El padre no le llevaba agua ni comida y, cuando el chico se quejaba de sed, el padre le decía que «lamiera una roca». El niño tenía diez años. Eso es abuso de primer orden, hacer pasar a un niño situaciones que podrían quebrantar a un hombre maduro.

Cuando se trata de trabajo, los principios son los mismos. Si es muy poco deja herida, así como si es demasiado. He actuado intencionadamente cuando he dejado a mis hijos que se acostumbrasen y fuesen capaces de manejar herramientas mecánicas. Me han contado muchas historias de padres e hijos que trabajaban juntos en un proyecto —una carrera de autos de madera o una cabaña en el árbol— en las que el padre nunca dejaba usar las herramientas al hijo. Ahora son hombres vacilantes. Desde luego, eso hace daño. Por eso es importante. Como hizo mi abuelo con el tractor, se transmite, «Creo en ti. Tienes lo que se requiere». Ahora bien, no estoy diciendo que ponga usted una motosierra en manos de un niño de seis años. Pero desde luego que puede dejar a un joven que asuma riesgos en su trabajo.

El corazón del joven resulta herido cuando no tiene a nadie que le introduzca en las aventuras que anhela su alma, nadie que le muestre cómo lanzar tiros libres, saltar con su bicicleta, escalar rocas o usar herramientas mecánicas. Así es como la mayoría de jóvenes experimentan la orfandad: no hay ningún hombre cerca que se preocupe lo suficiente ni sea lo bastante fuerte como para guiarlos a nada. Su padre puede estar físicamente presente y sin embargo totalmente inaccesible, escondido tras un periódico o pasando horas en la computadora mientras el joven espera al padre que nunca viene. Buena parte de la rabia que encontramos en los jóvenes proviene de esta experiencia, porque está preparado y animado pero sin lugar adonde ir. Eso acaba en rabia.

El corazón del joven también resulta herido cuando fracasa reiteradamente. Por supuesto, los fallos son parte del aprendizaje y todo *cowboy* se cae del caballo, por así decirlo. Pero tiene que haber alguien ahí a su lado para *interpretar* los fallos y reveses, para urgirle a volver al caballo. Si usted no fuera el Hijo Amado, las pruebas que conlleva esta etapa pueden parecer desagradables, crueles, una especie de rechazo, sobre todo si se encuentra solo. Mi amigo Morgan recuerda un día en el gimnasio cuando resultó lastimado con una de las heridas que lo definieron en su vida. Él tenía sobrepeso y, cuando el maestro le llamó para hacer abdominales, «Me quedé ahí colgado. Fue tan humillante. Recuerdo que pensé: *No soy un chico, jamás seré un hombre*».

El alma masculina necesita las pruebas, aventuras y experiencias que llevan al joven hasta la *asentada confianza* que David mostró frente a Goliat: las experiencias con el león y el oso. Todas esas experiencias de la etapa del *cowboy* conducen a una meta básica: responder a su gran pregunta. El niño que se está haciendo un joven tiene una gran pregunta, que es «¿Tengo lo que se requiere?». Es tarea del padre ayudarle a obtener la respuesta, un sonoro *¡Sí!* Que el niño se crea porque le ha llegado a través de la experiencia. El padre proporciona la iniciación preparando momentos —a través del trabajo duro y la aventura— en los que la gran pregunta está esperando respuesta, y en esos momentos ayuda al joven a batear la pelota fuera de la cancha. El padre tiene que hacer llegar al corazón de su hijo una profunda afirmación. Sí, lo tienes. Tienes lo que se requiere. Necesita un centenar de experiencias que le ayuden a conseguirlo, y resulta herido y mutilado cuando se le impiden esas experiencias o se le deja solo para interpretarlas, o cuando no hay nadie ahí para ayudarle a tener éxito en su peregrinaje hacia la iniciación.

Cómo hacer que surja el *cowboy*

Usted tiene fuerza, y es necesaria. Cuando un hombre siente que eso es así con él, se levanta y se comporta como un hombre. Conforme el niño se va haciendo hombre hay algunas cuestiones clave en juego. Tiene que saber que posee una fuerza genuina y que esa fuerza es en última instancia para los otros. Hay una valentía que debemos cultivar en él, porque se le exigirá en las otras etapas de su vida. La aventura interviene para desarrollar el alma masculina, porque la aventura nos llama, nos requiere para ser algo que queremos ser pero que no estamos seguros de si lo somos. La aventura nutre y fortalece el corazón de un hombre en formas que no se pueden expresar, que se tienen que experimentar. No hay nada que funcione igual. Como escribió Norman Maclean acerca de los hombres que se lanzan en paracaídas sobre terrenos escabrosos para luchar contra los incendios forestales:

> Para muchas personas es muy importante dejar fuera de toda duda, a ellos y al universo, que aman el universo pero no le tienen miedo y no se dejarán zarandear por él, no importa lo que les

> espere. Es más, piden algo de sí mismos en su edad temprana [la etapa del *cowboy*] que puede ser tomado desde entonces como una demostración de este sentimiento permanente. (*Young Men and Fire* [publicado en español como *El bosque en llamas*])

Como expliqué en *Salvaje de corazón*, la aventura es un anhelo espiritual puesto en el corazón de cada hombre. Fíjese que en los relatos de la Escritura, siempre que Dios toma a un hombre lo introduce en una aventura de primera. Abraham, llamado a salir de Ur, para seguir a Dios a una tierra que no conocía, para no volver. Jacob lucha con Dios en el desierto hasta el alba. Pedro, llamado a salir de la barca hacia Cristo en una violenta tormenta. Pablo, llamado a salir de su prominente rol de judío por antonomasia, para ser apóstol al mundo gentil de Asia Menor. Los relatos de sus viajes cuentan de cómo se escapan una y otra vez.

Vale la pena leer la historia de Teddy Roosevelt. Su vida de niño fue mutiladora: sobrepeso, rico consentido, miope. Incluso su madre lo vestía como una niña cuando era pequeño. Cuando empezó a hacerse un hombre, sabía que necesitaba desarrollarse *como* un hombre, sabía que necesitaba la iniciación. Dejó la refinada cultura de la clase alta de la Costa Este y viajó al Oeste, compró un rancho en lo que entonces se conocía como las Dakotas. Empezó a dormir en tiendas, montar a caballo, cazar, no solo por placer, sino por el *efecto* que todo ello tenía en su alma. Con el tiempo se convirtió en un gran cazador en África, abatiendo elefantes y leones en embestida, apenas momentos antes de su propia muerte. Usando el ejemplo de aventureros de la caza, Roosevelt explica cómo desarrolló intencionadamente un coraje y una fuerza viriles:

> En la caza, encontrar y matar es solo una parte del juego. La vida libre, aventurera, de confianza en uno mismo [...] el entorno salvaje, los imponentes paisajes [...] todo eso unido para dar su encanto a la profesión de cazador de fieras. La cacería está entre los mejores pasatiempos nacionales; cultiva esa vigorosa virilidad cuya carencia en una nación, como en un individuo, no se puede reemplazar con la posesión de otras cualidades.
>
> [El cazador] debe, gracias a la costumbre y al repetido ejercicio del autodominio, tener los nervios totalmente bajo control [...] los primeros dos o tres ciervos que vi me pusieron terriblemente nervioso, pero después de haber ganado experiencia con la caza ordinaria nunca me puse así con la caza peligrosa. En mi caso la victoria sobre los nervios fue resultado del esfuerzo consciente y de una deliberada determinación para vencerlo. Los hombres más felizmente dotados no tienen que realizar este esfuerzo de determinación, lo que tal vez muestre que el hombre promedio puede sacar más provecho de mis experiencias que de las de los hombres excepcionales.

Tome nota el hombre que se considera «promedio»: Roosevelt, un hombre que luchó contra su peso, que tenía mala vista y que nunca fue iniciado por su padre, fue capaz de desarrollar esa confianza que vemos en David frente a Goliat. Encontró la iniciación y la hizo suya. Demasiados hombres que conozco se han perdido la etapa del *cowboy*; demasiados niños no están siendo guiados por ella. Tenemos que retroceder para sacarnos de donde nos habíamos quedado, poniendo nuestra intención en ello, como hizo Roosevelt.

El siguió adelante para llegar a ser un guerrero, un enamorado y un buen rey, en mi opinión, y todo esto se forma en esta etapa de *cowboy*.

Ahora hay algo que debo clarificar. El lugar de la aventura en la travesía de un hombre es muy, muy importante. Por desgracia, vivimos en una época en que la aventura se ha convertido en un gran negocio. Las revistas están llenas de reportajes fotográficos sobre los últimos aparatos, los lugares más de moda, las aventuras más extremas: hombres y mujeres bajando cataratas en piragua, haciendo *surf* con parapente o *kiteboarding*, buscando la última gran ola. Gran parte de esta aventura no tiene nada de iniciación; tiende a ser un juego meramente exótico (a menudo extremo), nada más que autocomplacencia adolescente. Los personajes que suelen ocupar esas páginas suelen ser Peter Pan posmodernos.

Sin un *contexto*, la aventura es en su mayor parte... aventura sin más. No tiene nada malo en sí misma, pero sé por experiencia, y se lo dirán en cualquier entrevista sincera con aventureros profesionales, que es algo vacío. Esa es en parte la razón por la que siguen buscando nuevos límites. No basta con escalar El Capitán: tiene que hacerlo en escalada rápida, solo, en un solo día. Y locuras así. En *Salvaje de corazón* (si no lo ha leído, tiene que hacerlo y trabajarlo) hablo sobre la aventura; hay diferentes niveles, desde la informal, a la crucial y la crítica. Las aventuras informales son principalmente las que llenan las páginas de esas revistas. Creo que *pueden* desarrollar al niño y al hombre para aventuras más importantes y pueden ser una parte clave en la iniciación *si tienen un contexto* y *si se dan con la intención de ser un primer paso* hacia aventuras más importantes.

Uno no pasa de ser un perezoso adicto a la televisión a un tipo fuerte en un día. Pero no tenemos que quedarnos con la idea de que la masculinidad consiste sin más en una excursión tras otra.

La aventura nos llega de muchas maneras: un pinchazo de un neumático a trescientos kilómetros del lugar más cercano, una invitación a juntarnos con los amigos en el bosque, un gran deseo de cambiar de oficio. Como hombres que somos, necesitamos buscar aventuras y recibirlas bien cuando llegan de manera inesperada. *No* para vivir de manera egocéntrica, ni para desperdiciar nuestras vidas con la pesca y el golf, ni para el síndrome de Peter Pan, sino porque hay cosas que deben ser fortalecidas y apeladas en nuestras almas masculinas, y que ocurren ahí fuera, en las aventuras.

Seguro que recuerda lo importante que fue el rancho de mi abuelo en mis años de *cowboy*. Aquel tiempo era un regalo y, como tantos regalos, terminó siéndome arrebatado. Mi abuelo desarrolló un cáncer cerebral y murió en poco tiempo a los ochenta años. Me dolió tanto que ni pude asistir al funeral. Mi historia con los caballos y los ranchos había terminado ese año. Veinticinco años después, unos amigos que tenían un rancho aquí en Colorado me invitaron a pasar un día montando a caballo. Oh, con qué ansia lo esperaba. A pesar de que era un frío día de finales de enero, con nieve en el terreno, estaba ansioso por ir. Pero el caballo no sentía lo mismo.

Su temporada de monta había pasado hacía un par de meses y no estaba muy contento de que lo enviaran solo afuera con un nuevo jinete, por lo que intentaba regresar al establo. Comenzó una pelea entre nosotros, y se me fue el alma al suelo. *Vamos, oh Dios. Sabes cuánto significa esto para mí. ¿A qué viene este fastidio?*

(¿Cuántos de ustedes han dicho esto?). Temí que aquello se iba a convertir en un permanente rodeo, así que estuve a punto de dar media vuelta y darme por vencido, rendirme. Pero algo me animó. Cuando comenzaba a ocuparme de un terco equino sobre un terreno difícil —estábamos resbalando por unos senderos cubiertos de nieve— me vino un pensamiento. *Tú estás en esto, ¿no es así, Padre?*

Una de las formas en que está escrita nuestra gran pregunta en mi corazón es «¿Tengo lo que se requiere para ser un buen jinete?». Para otra persona, la cuestión de los caballos no importa mucho. La gran pregunta se encuentra en todas partes: en el trabajo, o tal vez en los deportes o en las finanzas. Pero para mí la pregunta se presentaba ahí, con los caballos. Y yo había culminado la ascensión, con el caballo ya controlado, dejando victorioso tras de mí el terreno difícil, una especie de satisfacción emergió en mi corazón de forma casi inesperada. Dios quería responder a la gran pregunta a través de la experiencia, y solo un día como este me habría servido para ello. De regreso a casa en el auto me preguntaba: *¿Cuánto más de mi vida he estado malinterpretando? ¿Cuántas cosas he desechado como fastidio o «qué se le va a hacer», o incluso como conflicto, cuando en realidad Dios estaba en ello, en la dificultad, queriendo actuar como Padre?*

> Padre, llévame allí. Llévame de vuelta a las cosas que se perdieron, quedaron inacabadas o ni llegaron a iniciarse. Llévame a la fase del *cowboy* y haz este trabajo en mi alma. Acompáñame como padre. Dame ojos para ver dónde has estado guiándome como padre y no lo he visto, y dónde me estás iniciando ahora, aunque lo esté interpretando mal. Quiero ser valiente y genuino. Quiero fortaleza y deseo ofrecérsela a los demás. Guíame.

5 El guerrero

¡Con esplendor y majestad, cíñete la espada, oh valiente!

—Salmos 45.3

Cuando Alejandro Magno murió, su extensísimo imperio fue repartido entre varios oficiales superiores de su entorno. Lo que hoy conocemos como Medio Oriente, incluyendo Israel, quedó bajo la autoridad de los seléucidas, que prosiguieron la misión de Alejandro de helenizar a los nativos, haciendo que todo el mundo se hiciera griego en sus hábitos y valores. Lo que comenzó como la aparentemente inocente importación de la cultura griega se fue convirtiendo en algo hostil y, con el tiempo, violento. El dominio de los seléucidas encontró un enemigo especial en la insistencia judía en adorar a un solo Dios. Como muchas otras dictaduras, lo vieron como una amenaza al régimen. En el 165 a.c. un oficial griego que tenía el mando sobre la villa de Modiin, no muy lejos de Jerusalén, ordenó a los habitantes judíos que se arrodillaran ante un ídolo y comieran la carne de un cerdo sacrificado, actos que chocaban con lo más hondo del judaísmo, en el corazón de un pueblo para el cual era impensable un mandamiento así. Blasfemia.

El pueblo se negó, hubo una discusión y el sumo sacerdote judío Matatías asesinó al oficial con una espada. Los del pueblo —guiados por los cinco hijos de Matatías— se alzaron en armas contra el resto de los soldados y también los mataron. Matatías y un creciente número de seguidores huyeron a las montañas, desde donde lanzaron un movimiento de resistencia contra los opresores helenistas. Mientras tanto, Antíoco IV (heredero del Imperio Seléucida y cruel enemigo de los judíos) tomó el control del templo de Jerusalén, colocó en el Lugar Santísimo una estatua de Zeus y ordenó a los judíos que la adorasen. Los que se negaron a abandonar a Dios y sus mandamientos —incluyendo la circuncisión— fueron perseguidos, y degollaron a las madres con sus hijos a sus brazos.

Por entonces, Matatías había muerto y había dejado el mando de su creciente ejército a su hijo Judas Macabeo, quien dirigió sus incontables tropas desarmadas contra una fuerza muy superior (diez mil judíos contra más de sesenta mil griegos y sirios helenizados) y expulsaron a sus enemigos de Jerusalén. Purificaron el templo, demolieron el altar profanado y la imagen, y reconstruyeron uno con piedras sin tratar, después de lo cual tuvieron una fiesta de adoración y dedicación. Por supuesto, me refiero al origen de la fiesta judía de las Luminarias, Jánuca. El historiador Thomas Cahill observó que «hay humillaciones que un pueblo con orgullo, aunque lleve generaciones bajo la opresión, no puede soportar».

De hecho, puede que tarde o necesite reiterada provocación, pero al final un hombre tiene que llegar a descubrir que hay ciertas cosas en la vida por las que hay que luchar. Puede que cuando apreciemos la verdad de esto podamos entender mejor el corazón de Dios.

Un Dios guerrero

No acabo de entender la moderna aversión y amnesia de la iglesia respecto a una de las cualidades más importantes de Dios, que sí se han comprendido en los siglos precedentes:

> El Señor es un guerrero; su nombre es el Señor. (Éxodo 15.3)

> El Señor marchará como guerrero; como hombre de guerra despertará su celo. Con gritos y alaridos se lanzará al combate, y triunfará sobre sus enemigos. (Isaías 42.13)

> Pero el Señor está conmigo como un guerrero poderoso; por eso los que me persiguen caerán y no podrán prevalecer, fracasarán y quedarán avergonzados. (Jeremías 20.11) (La Biblia de las Américas traduce «guerrero poderoso» como «campeón temible». El equivalente inglés se aplica también en la Biblia NASB a Goliat y a los valientes de David)

> Eleven, puertas, sus dinteles; levántense, puertas antiguas, que va a entrar el Rey de la gloria. ¿Quién es este Rey de la gloria? El Señor, el fuerte y valiente, el Señor, el valiente guerrero. (Salmos 24.7, 8)

Nuestro Dios es un guerrero, fuerte y temible en la batalla, y conduce a sus ejércitos. *Este* es el Dios que hizo al hombre a su imagen. Hablo de ello en *Salvaje de corazón*, pero algunas cosas merecen repetirse porque el hombre está en mucha mejor posición para entrar en la etapa del guerrero si sabe que esto está presente en toda la Escritura, apoyado por ella, *obligado* por ella.

> Los filisteos subieron y acamparon en Judá, incursionando cerca de Lejí. Los hombres de Judá preguntaron:
>
> —¿Por qué han venido a luchar contra nosotros?
>
> —Hemos venido a tomar prisionero a Sansón —les respondieron—, para hacerle lo mismo que nos hizo a nosotros.
>
> Entonces tres mil hombres de Judá descendieron a la cueva en la peña de Etam y le dijeron a Sansón:
>
> —¿No te das cuenta de que los filisteos nos gobiernan? ¿Por qué nos haces esto?
>
> —Simplemente les he hecho lo que ellos me hicieron a mí —contestó él.
>
> Ellos le dijeron:
>
> —Hemos venido a atarte, para entregarte en manos de los filisteos.
>
> —Júrenme que no me matarán ustedes mismos —dijo Sansón.
>
> —De acuerdo —respondieron ellos—. Solo te ataremos y te entregaremos en sus manos. No te mataremos.
>
> Entonces lo ataron con dos sogas nuevas y lo sacaron de la peña. Cuando se acercaba a Lejí, los filisteos salieron a su encuentro con gritos de victoria. En ese momento el Espíritu del

> Señor vino sobre él con poder, y las sogas que ataban sus brazos se volvieron como fibra de lino quemada, y las ataduras de sus manos se deshicieron. Al encontrar una quijada de burro que todavía estaba fresca, la agarró y con ella mató a mil hombres. (Jueces 15.9-15)

¿Una historia de escuela dominical? Tal vez. Aunque nunca he oído que la explicaran diciendo: «Y esto, niños, es lo que sucede cuando el Espíritu de Dios viene sobre un hombre». Aunque esa es claramente la lección del pasaje. Sansón se convierte en un guerrero grande y temible cuando, *solo* cuando, el Espíritu de Dios cae sobre él. El resto del tiempo es poco más que un idiota. ¿Qué nos cuenta esta historia acerca del Dios de quien es este Espíritu? Y no se trata solo de Sansón, amigos: «Pero clamaron al Señor, y él hizo que surgiera un libertador, Otoniel… El Espíritu del Señor vino sobre Otoniel… y salió a la guerra» (Jueces 3.9, 10). «Entonces Gedeón, poseído por el Espíritu del Señor» salió a la guerra (Jueces 6.34). «Entonces Jefté, poseído por el Espíritu del Señor» salió a la guerra (Jueces 11.29). «Entonces el Espíritu del Señor vino con poder sobre David» y una de las primeras cosas que hizo fue matar a Goliat (1 Samuel 16.13). Repito la pregunta. ¿Qué nos dice esto sobre el Dios a quien pertenece este Espíritu?

Nuestra imagen del Jesús hombre ha sufrido mucho en la iglesia, pero tal vez no tanto como nuestra imagen del Jesús guerrero. ¿Qué fue lo que enojó a Jesús tanto que se plantó y, en un acto de agresividad premeditada, se hizo un látigo de cuerdas y lo usó contra los mercaderes que ocupaban los atrios del templo (Juan 2.13-17)? «El celo por tu casa me consumirá» (Juan 2.17). ¿Es este el tipo de conducta que usted esperaría del Jesús que se nos ha enseñado, un amable cordero manso y apacible? Si Jesús podía ser inmensamente bueno. ¿Pero qué es este otro lado suyo que vemos en los Evangelios? «Ay de ustedes» (Mateo 23.15). ¡Oh Dios! ¡Palabras agresivas!

¿POR QUÉ EL GUERRERO?

Nuestro Dios es guerrero porque hay ciertas cosas en la vida por las que vale la pena pelear, por las que tenemos que luchar. Él hace del hombre un guerrero a su propia imagen, porque su intención es que el hombre le acompañe en la batalla.

Un día, el joven Moisés, príncipe de Egipto, salió a ver con sus propios ojos la opresión de sus congéneres. Cuando vio de primera mano a un capataz egipcio golpear a un esclavo hebreo, no pudo soportarlo y mató al egipcio. Un acto impulsivo que le convirtió en un fugitivo, pero se puede ver algo del guerrero surgiendo en él. Años después, Dios lo envía de regreso a liberar a su pueblo y, podría añadir, hay una intensa lucha para conseguir esa libertad. David también lucha, una batalla tras otra, para conquistar la libertad de su pueblo y unir a las tribus de Israel. Algo en él le empujó, lo mismo que no permitió a Lincoln sentarse sin más y observar cómo se destrozaba la Unión, ni dejó a Churchill —pese a la opinión de muchos de sus propios conciudadanos— a quedarse sentado y dejar que los nazis ocupasen Europa sin resistencia. Porque sabía que al final se harían también con Inglaterra.

Hay ciertas cosas por las que vale la pena luchar. Por ejemplo, un matrimonio, o la institución del matrimonio como tal. Los niños, sean los nuestros o no. La amistad es algo por lo que también vale la pena luchar, como ya habrá descubierto, y también las iglesias, que parecen inclinadas a su autodestrucción si antes no las destruye el enemigo que las odia. Muchas personas piensan que hasta por la tierra merece la pena luchar. Los médicos luchan por las vidas de sus pacientes, y los maestros por los corazones y el porvenir de sus estudiantes. Tome cualquier cosa buena, verdadera o hermosa sobre la tierra y pregúntese: «¿Se puede proteger esto sin mediar lucha?».

En la película *Cinderella Man*, basada en la historia verídica del boxeador James J. Braddock, se aprecia esto. Pierde sus motivos para luchar y entonces empieza a perder los combates. Pero cuando llega la Gran Depresión, que amenaza con destrozar a su familia, se enciende un fuego en él. Protagoniza un retorno estelar, derriba a rivales mucho más jóvenes y fuertes que él. Su manager, perplejo, dice: «¿De dónde viene esto?». Viene de dentro, de un guerrero durmiente que despierta. En una conferencia de prensa le hacen una pregunta similar: «¿Por qué está usted peleando?». «Leche», fue su respuesta. La supervivencia de su familia. A veces la batalla tiene que golpear cerca del hogar para despertar al guerrero que hay en el hombre. Tal vez esa es la razón por la que Dios permite a menudo que la batalla golpee tan cerca del hogar.

Por eso en la película *Los cowboys*, esos jóvenes pendencieros que comienzan el camino siendo todavía unos inexpertos en el tema se convierten en guerreros al final de la historia. Su jefe es abatido por unos bandidos, le disparan por la espalda, desarmado, le roban el ganado, todo lo cual suscita en ellos el paso a la siguiente etapa de su madurez masculina. Se arman y persiguen a los villanos, matando a la mayoría de ellos y rescatando el rebaño.

Igualmente, cuando Simba acaba saliendo de su fase de Peter Pan que se da la buena vida en la jungla, su primer acto como joven es pelear con su tío para recuperar el reino. El malvado no suele rendir sus dominios de buena gana. Hay que obligarlo o destruirlo. Balian es entrenado por su padre para ser un guerrero y su primera acción para la conquista de Tierra Santa es dirigir una carga de la caballería contra el enemigo. Pero una de mis historias favoritas de siempre está al final de *El señor de los anillos*.

Los hijos amados se endurecen como soldados *cowboy*, y prosiguen para convertirse en guerreros de pleno derecho. Tras ayudar a su rey Aragorn a vencer la última gran batalla por la Tierra Media, los hobbits se encaminan a casa. Entonces viene uno de mis capítulos favoritos de los libros: «El saneamiento de la Comarca» (totalmente obviado en la película). Porque cuando los hobbits llegan al fin de su búsqueda (y su iniciación), encuentran su amada Comarca en manos del malvado. Los árboles están derribados, los ríos contaminados, las personas esclavizadas, las encantadoras viviendas derribadas y sustituidas por celdas. No es que el lobo esté a las puertas, es que se ha instalado como en su casa. No van a quedarse sin hacer nada.

> Aquello colmó la medida para Pippin. Pensó en el Campo de Cormallen, y aquí había un rufián de mirada oblicua que se atrevía a tildar de «renacuajo presumido» al Portador del Anillo. Echó atrás la capa, desenvainó la espada reluciente, y la plata y el sable de Góndor centellearon cuando avanzó montado en el caballo.
>
> «Yo soy un mensajero del Rey», dijo. Le estás hablando al amigo del Rey, y a uno de los más renombrados en todos los países

del Oeste. Eres un rufián y un imbécil. Ponte de rodillas en el camino y pide perdón, o te traspasaré con este acero.

La espada relumbró a la luz del poniente. También Merry y Sam desenvainaron las espadas, y se adelantaron, prontos a respaldar el desafío de Pippin; pero Frodo no se movió. Los bandidos retrocedieron. Hasta entonces, se habían limitado a amedrentar e intimidar a los campesinos de Bree, y a maltratar a los azorados hobbits. Hobbits temerarios de espadas brillantes y miradas torvas eran una sorpresa inesperada. Y las voces de estos recién llegados tenían un tono que ellos nunca habían escuchado.

Los hijos amados han regresado como guerreros. Eso es algo bueno también para la Comarca y sus amables habitantes.

Pasividad

Uno de los más tristes de todos los relatos de la historia del pueblo de Dios se produce poco después del dramático éxodo de Egipto, cuando se encuentran al borde de una vida totalmente nueva en la tierra prometida por Dios:

«Sin embargo, ustedes se negaron a subir y se rebelaron contra la orden del Señor su Dios. Se pusieron a murmurar en sus carpas y dijeron: "El Señor nos aborrece; nos hizo salir de Egipto para entregarnos a los amorreos y destruirnos. ¿A dónde iremos? Nuestros hermanos nos han llenado de miedo, pues nos informan que la gente de allá es más fuerte y más alta que nosotros, y que las ciudades son grandes y tienen muros que llegan hasta el

> cielo. ¡Para colmo, nos dicen que allí vieron anaquitas!" Entonces les respondí: "No se asusten ni les tengan miedo. El Señor su Dios marcha al frente y peleará por ustedes (No dice: «les consolará» ni «estará con ustedes en su angustia, derrotados por sus enemigos». Dice: Peleará por ustedes), como vieron que lo hizo en Egipto y en el desierto. Por todo el camino que han recorrido, hasta llegar a este lugar, ustedes han visto cómo el Señor su Dios los ha guiado, como lo hace un padre con su hijo". A pesar de eso, ninguno de ustedes confió en el Señor su Dios [...] Ustedes me respondieron: "Hemos pecado contra el Señor. Pero iremos y pelearemos, como el Señor nuestro Dios nos lo ha ordenado". Así que cada uno de ustedes se equipó para la guerra, pensando que era fácil subir a la región montañosa». (Deuteronomio 1.26-32, 41)

Pero ya era demasiado tarde. Su decisión de *no* luchar es lo que les llevó a vagar cuarenta años por el desierto. Con frecuencia citamos esta parte de la historia, hablando de nuestras experiencias en el desierto, adoptando el desierto como algo inevitable. No, esa no es en absoluto la lección. Hemos olvidado que *se pudo haber evitado*. La razón por la que dieron tan lamentable desvío hacia el desierto fue porque no querían luchar. Para ser más preciso, el desierto era un castigo, la consecuencia de negarse a confiar en Dios y pelear.

¿Recuerda *Las dos torres,* con la reticencia del rey Theoden de Rohan a luchar? «No me arriesgaré a una guerra abierta». Yo *sacudo* la cabeza. ¿Qué es lo que hay en la naturaleza humana que no quiere encarar la realidad de la guerra? La razón, como le dijeron a mi hijo hace unos días en su clase de la Biblia, es que «No tenemos que oponernos al Diablo. Eso es tarea de Dios». Ese es un pensamiento peligroso y nada bíblico.

Resistan al diablo (Santiago 4.7)

Resístanlo (1 Pedro 5.9)

Vivimos en un mundo en guerra. Se espera de nosotros que respondamos. Parece ser una realidad difícil de admitir, como se desprende de la pasividad que caracteriza a buena parte de la cristiandad actual. Deseamos que la vida cristiana conste solamente del dulce amor de Jesús. Pero eso no es lo que está pasando. Puede que no le guste la situación, pero eso solo la hace poco apetecible, no poco cierta.

Agresividad

He dicho que el rechazo de Israel a luchar para reivindicar la tierra prometida es, en mi opinión, una de las historias más tristes de la Biblia. Pero no es la más triste. En lo que se refiere a hechos de hombres en particular, nuestro peor momento tiene que ser la caída de Adán y la entrada del pecado original, que nos introdujo en su caos. Fue un fallo marcado por la *pasividad*. Eva fue engañada, dice Pablo, pero Adán no (1 Timoteo 2.14). Él pecó por otras razones, sin concretar, pero cuando miramos el relato encontramos ciertas pistas. Adán no se involucra, no interviene, no hace nada. Ha sido creado para actuar, dotado con la imagen de un Dios poderoso que actúa e interviene de manera impresionante. Adán no lo hizo y, de todas las cosas que hemos heredado de Adán, sabemos que la *parálisis* —otra forma de *pasividad*— es con seguridad una de ellas.

Hace años tuve la oportunidad de hacer algo bueno por un ministerio para el que estaba trabajando. El gerente de mi división estaba perjudicando mucho a su equipo; varias personas se habían ido y yo quería saber por qué. Vino a mi despacho a preguntarme qué creía que estaba haciendo y yo lo esquivé fingiendo que me esperaban en una reunión. Me porté cobardemente, escurriendo el bulto. Odio eso en mí. ¿Qué es lo que hay en mí que me hace esconderme cuando Stasi tiene un mal día? ¿Por qué ponerme a reparar el auto o a escribir este libro en lugar de entrar en las turbias aguas de la relación? ¿Por qué vacilar cuando uno de mis chicos quiere contarme, entre lágrimas, lo mal que le van las cosas en la escuela? Usted sabe de qué hablo.

Hay regiones del mundo de un hombre que él deja que se conviertan en una especie de «zona desmilitarizada», un lugar de «no te molesto si no me molestas», de rendición y pasividad. Puede que haya un conflicto en aumento en la iglesia o en la comunidad. Buscamos el camino de la menor resistencia, y ese es rara vez el camino correcto. Me entristece pensar en todas las cosas en las que me he rendido a lo largo de los años, alzando los brazos sin pelear. En el hombre es esencial que venza su inherente pasividad, esta parálisis que heredamos de Adán y echa raíces hasta la médula. Para ser el hombre que hay que ser, con la ayuda de Dios, hay que vencerla intencionadamente, repetidamente, frente a frente en todas las épocas de nuestra vida.

Hay una escena en la película del oeste *Open Range* que retrata esto con gran belleza. Como es propio de estas películas y su mítica simplicidad, el pueblo ha sido tomado por los malos, como Juan dice que el mundo yace bajo el poder del maligno (1 Juan 5.19). Los bandidos han nombrado a su propio alguacil y han contratado pistoleros para atemorizar a los ciudadanos y someterlos. Dos vaqueros llegan al pueblo en busca de justicia por el asesinato de su compañero y las graves heridas de un muchacho al que han ofrecido su amistad. En el salón intentan movilizar a los hombres del pueblo.

—Es una vergüenza lo que ha pasado con este pueblo —dice uno de los comerciantes locales.

—Deberían hacer algo —replica uno de los *cowboys*.

—¿Qué? —contesta el hombre amedrentado—. Somos cargadores. Aquí Ralph es tendero.

—Pero son hombres ¿no? —mi frase favorita.

Lo que se entiende es que, sea lo que sea un hombre, debe ser un luchador. He notado esta noción en la lista de las tribus de Israel cuando salieron de Egipto. Las familias y clanes se disponían y numeraban por sus hombres de combate (Números 1.3). Y recuerde: no eran soldados adiestrados sino esclavos fugitivos. Dudo que alguno de ellos hubiera blandido un arma en su vida, pero se asume que, si es un hombre, es un luchador. Dado quién y qué es, la Escritura da por sentado que el hombre actúa, interviene. La pasividad no tiene lugar en el léxico de la genuina masculinidad. En absoluto. Y para vencer la pasividad que Dios ha puesto su corazón guerrero en cada hombre.

El corazón de un guerrero

Cuando tenía veintiún años quería cambiar el mundo. Esa no es una pasión poco común para un joven, como prueban las muchas revoluciones y movimientos de reforma liderados por jóvenes. Bob Woodward y Carl Berstein tenían veintitantos cuando destaparon el escándalo Watergate. Los que plantaron cara al régimen comunista chino en la plaza de Tiananmen eran jóvenes estudiantes. Lutero entró en el seminario con poco más de veinte años y tenía treinta y tres o treinta y cuatro cuando clavó sus tesis en la puerta de Wittenberg, en la flor de sus años de guerrero. Wilberforce tenía veintiuno cuando entró en el Parlamento, y veintiocho cuando emprendió su lucha contra el tráfico de esclavos en Gran Bretaña. Se puede decir con seguridad que la mayoría de los discípulos de Jesús eran jóvenes, como marcaba la tradición en la relación rabino-discípulo, y también estaban apasionados con cambiar el mundo, listos para pedir que cayera fuego del cielo para producir ese cambio (Lucas 9.54).

Cuando entré en una universidad secular yo era un cristiano joven, y celoso, lo que equivalía a una buena dosis de sufrimiento para cualquier profesor que se enfrentase a mi arrogante visión del cristianismo. Había una clase de filosofía que me gustaba mucho, en la que difícilmente pasaba un día sin que yo levantara la mano durante la clase para desafiar los supuestos del agnóstico y, afortunadamente, amable profesor. Para mí, la Verdad era algo por lo que valía la pena luchar. Muchos jóvenes se han sentido así. Puede usted escuchar en la música de prácticamente cualquier generación el clamor por un mundo mejor, «las canciones de los furiosos», el musical *Los miserables*, «la música de unas personas que no quieren volver a ser esclavos».

Por aquel tiempo inicié una compañía de teatro en Los Ángeles desde la que íbamos a cambiar el mundo. Trabajábamos hasta altas horas, nos dedicábamos a ello con celo. Salimos a las calles en el verano de 1984 para representar obras evangelísticas donde había multitudes venidas a los Juegos Olímpicos. Fue duro y atrevido, justo el tipo de empresa a la que se lanza un joven guerrero. Durante aquellos años hubo una serie de incendios por las colinas de Los Ángeles, acrecentados por los vientos de Santa Ana procedentes del desierto. Ayudé a evacuar un barrio, me quedé atrás con una manguera empapando los tejados de una anciana que sabíamos que no podía defenderse sola. Algo en mí se sentía muy vivo, y valiente, encarando el peligro para marcar la diferencia.

Como expliqué en *Salvaje de corazón*, el guerrero es como un circuito impreso incambiable dentro de cada hombre. Esto es así porque ha sido creado a imagen de Dios, quien es el Gran Guerrero. De tal palo, tal astilla. También es así porque eso constituye una buena parte de la misión del hombre en la tierra: unirse al Gran Guerrero en su batalla contra el mal. Esta naturaleza agresiva es lo que nos capacitará para vencer la pasividad y la parálisis que hemos heredado de Adán. De hecho, estamos del lado de uno u otro —del guerrero o del hombre paralizado— en cada decisión que tomamos, cada día. Animar al guerrero cuando está adquiriendo su plena fuerza en la vida del joven será una gran ayuda para este con el paso de los años, porque usted y yo sabemos lo dura que es la batalla si hemos pasado años en la pasividad.

No estoy diciendo que todos los hombres tienen que ser militares; aunque es una noble vocación, hay muchas formas para que surja el guerrero. Como reza el dicho, con el paso de los tiempos la pluma ha demostrado ser más fuerte que la espada. Lo que estoy diciendo es que hay una agresividad inherente escrita en el alma masculina. Por eso no debería sorprendernos —aunque muchos padres se ponen un poco nerviosos con esto— si vemos surgir al guerrero cuando el muchacho es muy joven. En cuanto a la *etapa* del guerrero, creo que empieza al final de su segunda década, en torno a la edad en que los jóvenes se pueden incorporar a filas. Cuando Dios le dice a Moisés que disponga a los esclavos fugitivos en tribus, dice: «Tú y Aarón reclutarán por escuadrones a todos los varones israelitas mayores de veinte años que sean aptos para el servicio militar» (Números 1.3). Aquí se señala la edad de veinte años, lo cual parece confirmado en tantas revoluciones alimentadas por jóvenes.

El corazón del guerrero dice: «No dejaré que el mal campe por sus respetos. Hay algunas cosas que no se pueden tolerar. Tengo que hacer algo. Hay que proteger la libertad». El corazón del guerrero dice: «Iré a la batalla por ti». Por eso debe ir antes de la etapa del enamorado, porque tendrá que hacer eso una y otra vez en su matrimonio, y es la pasividad lo que ha roto el corazón de muchas mujeres. La naturaleza del guerrero es fiera y valiente, preparada para enfrentarse al mal, lista para el combate. Este es el tiempo en que un joven se detiene y dice: «¿Por qué es tan dura la vida?». Se toma la dureza como el llamamiento a luchar, a levantarse, a enfrentarla. Aprende a «endurecer su rostro como el pedernal», como tuvo que hacer Jesús para llevar a cabo la gran misión de su vida (Isaías 50.7).

Indoblegable

Tomemos una historia del principio del ministerio de Jesús —la prueba en el desierto— para ver lo que podemos aprender del guerrero. Es una de las primeras historias que se nos cuentan de Jesús y creo que es importante para señalar que los hechos más destacados de su vida (igual que con David) se asocian con su etapa de guerrero, lo que debería decirnos algo sobre lo crucial que es esta etapa. Los hechos tienen lugar en el desierto. En primer lugar, leemos que Jesús ha ayunado cuarenta días. Detengámonos aquí: es el guerrero de dentro el que capacita a un hombre para hacer esto. La dureza que pueda soportar un hombre, el tiempo y la tenacidad con que persevere, viene determinada por la proporción de guerrero que tiene dentro. Un joven puede tener un trabajo que aborrece, con un jefe arrogante, pero si lo considera como un entrenamiento de guerrero, resistirá. Un hombre con un matrimonio difícil puede perseverar si encuentra el guerrero interior.

La época del guerrero es la de aprender disciplina, una concentración de cuerpo, mente y espíritu. Por supuesto, todos nuestros campamentos de instrucción militar están saturados de disciplina, porque saben que cuando el infierno cae sobre uno en el campo de batalla, un hombre debe tener algo de lo que echar mano que no sea la emoción. Los ánimos están altos antes de encontrarse con el enemigo, pero en el caos del combate los espíritus enardecidos pueden desvanecerse en un instante. Esto es así más allá de las arenas de Iwo Jima, y es especialmente cierto en el conflicto espiritual. Me quedé perplejo al leer sobre la disciplina que practicaba uno de los

Padres del Desierto, San Antonio, considerado el fundador del monasticismo cristiano:

> Practicó seriamente la vida ascética, teniendo en cuenta que aun si no podía seducir su corazón con el placer del cuerpo, trataría ciertamente de engañarlo por algún otro método; porque el amor del demonio es el pecado [...] observaba las vigilias nocturnas con tal determinación que a menudo pasaba toda la noche sin dormir [...] comía solo una vez al día, después de la caída del sol; a veces cada dos días, y con frecuencia tomaba su alimento solo cada cuatro días. Su alimentación consistía en pan y sal; como bebida tomaba solo agua [...] Se contentaba con dormir sobre una estera, aunque lo hacía regularmente sobre el suelo desnudo. (Atanasio, *Vida de San Antonio*)

Es el guerrero quien capacita al joven de veintitantos años para hacer algo así, porque ha hallado su causa y su rey. Ahora bien, hay disciplina y disciplina. La iglesia ha presentado la disciplina en gran parte como «mata tu corazón y haz lo correcto». Eso es terrible. Eso fatiga el alma y acaba destruyendo el corazón, lo que más necesitará usted cuando se encuentre ante grandes pruebas y desafíos. La buena disciplina *sujeta*, enjaeza, las pasiones en lugar de aniquilarlas. Cuando Jesús «endureció su rostro como el pedernal» camino a Jerusalén, manifestó una resolución interna procedente de lo más hondo, de su *corazón*. No le iban a disuadir de su misión. El joven necesita esta fuerza de corazón, sea para acabar sus estudios universitarios, para mantener sus convicciones bajo persecución o para dominar una disciplina artística. Todo ello requiere gran disciplina, alimentada con la pasión.

Esta resolución interna es lo que se sometió a dura prueba en Jesús cuando Satanás vino a él en el desierto, poniendo a prueba sus defensas, buscando algún ángulo, algún gancho con el que conseguir que Cristo sucumbiera a la tentación. No sucumbe. Esto es absolutamente fundamental para el guerrero, para desarrollar un corazón indoblegable. Ahí es donde *vamos* a ser probados más profundamente. Aunque le lapiden, azoten, encarcelen por predicar el evangelio, Pablo se mantiene impertérrito. No retrocederá, por eso tenemos hoy las cartas de Efesios, Filipenses, Colosenses y Filemón. Bunyan escribió *El progreso del peregrino* desde la prisión, y Alexander Solzhenitsyn continuó su resistencia contra el régimen soviético desde el gulag. No me rendiré, no seré un cobarde: este es el debut del guerrero.

> Si te mantienes en tu puesto, la cabeza tranquila,
> cuando todo a tu lado es cabeza perdida.
> Si tienes en ti mismo una fe que te niegan
> y no desprecias nunca, las dudas que ellos tengan [...]
> Si engañado, no engañas,
> Si no buscas más odio, que el odio que te tengan [...]
>
> Si logras que se sepa la verdad que has hablado,
> a pesar del sofismo del orbe encanallado.
> Si vuelves al comienzo de la obra perdida,
> aunque esta obra sea la de toda tu vida.

Si logras que tus nervios y el corazón te asistan,
aun después de su fuga, de tu cuerpo en fatiga,
y se agarren contigo cuando no quede nada,
porque tú lo deseas y lo quieres, y mandas [...]

Todo lo de esta tierra, será de tu dominio,
y mucho más aún,
serás hombre, hijo mío.
(Rudyard Kipling, «Sí»)

El guerrero debe aprender a no doblegar su corazón ante nada. A no matar su corazón por miedo a caer en la tentación, sino proteger su corazón para más cosas nobles, guardar la integridad de su corazón como un gran depósito de fuerza y santo deseo. Esa fue la batalla de Jesús en el desierto, cuando Satanás hacía de las suyas, y lo que le mantuvo sin doblegar su integridad. *No tienes que confiar en Dios para cubrir tus necesidades, haz que estas piedras se conviertan en pan. Demuestra que Dios se preocupa por ti, arrójate desde este edificio. No tienes que tomar el camino de la cruz, adórame y te daré los reinos de este mundo.* Jesús no se rinde. No es fácil, como demuestra la historia del hombre, como prueba la historia de usted.

Y fíjese, al final de la batalla, «unos ángeles acudieron a servirle» (Mateo 4.11). Nunca le he prestado mucha atención a esto, parece más bien una ocurrencia tardía, pero hay algo que deberíamos ver aquí, o no lo habría incluido en el relato. Jesús necesitó que acudieran a servirle. Eso nos hace pensar que la prueba fue bastante dura. Esto me consuela un poco porque es un recordatorio del lado humano del misterio de la encarnación —Jesús era realmente hombre— y porque así fue mi experiencia en tales batallas. Cuando terminan estoy exhausto y necesito que «acudan a servirme».

Por cierto, hay lugar para el consuelo en la travesía masculina, un lugar para la misericordia y que «acudan a servirme». No todo es prueba, desafío y pelea, en absoluto. Lo que ocurre es que casi siempre viene el consuelo *después* de la lucha, y así se disfruta mucho más. Es parte del botín de guerra.

Herido

El corazón del guerrero resulta herido en un niño y en un joven cuando se le dice que la agresividad es plenamente errónea, no cristiana, que la pulcritud de modales equivale a santidad. Recibe una herida cuando sus intentos para surgir como guerrero son objeto de burla o son aplastados. Resulta herido cuando no tiene a nadie que lo entrene, ningún rey a quien brindar lealtad ni causa por la que luchar.

Un colega del ministerio de hace años tuvo un hijo, su primogénito, y escribió un artículo sobre cómo el pequeño quería derribar sus torres de piezas pero el padre no le dejaba. «La vida no es cuestión de destrozar sino de edificarnos unos a otros». Dios mío, qué clásico absurdo religioso. ¿Acaso no dice la Escritura: «Hay un tiempo para todo lo que se hace [...] un tiempo para plantar y un tiempo para cosechar [...] un tiempo para la guerra y un tiempo para la paz» (Eclesiastés 3.1, 3, 8). Los chicos quieren saber que son fuertes. En la ética que entiende un niño de tres años, el derribo de su torre de piezas no es más que poder básico. *Vaya. Mírenme. Soy fuerte.* Decirle que eso es pecado es como mutilar su masculinidad, como lo es no permitirle jugar con armas ni jugar a batallas o a superhéroes. Estoy seguro de que crecerá hasta ser un hombre muy amable.

El corazón del guerrero resulta herido en el joven cuando intenta ser un guerrero y se le avergüenza. Recuerdo un día en séptimo grado, durante la clase de educación física, cuando vi a un amigo mío que estaba siendo molestado por un niño mayor en la fuente. Mi amigo tenía sobrepeso y realmente lo pasaba mal en la clase de gimnasia, y ese abusón se estaba burlando de él, riéndose, obligándolo a beber y empujándolo para que se mojara. Podía ver a mi amigo amedrentado y avergonzado. Y ese matón era tan arrogante, con su pose prepotente, que tuve que intervenir. Ninguno de los entrenadores estaba por allí, así que corrí contra él y le dije: «Basta, déjalo en paz». El abusón se giró y me quitó dos dientes de un golpe. Así sin más. Ahora era yo el que se sentía débil y avergonzado.

No ganar nunca a nada, soportar a los abusones, recibir empujones, salir derrotado en una pelea, son las cosas que han destrozado el corazón del joven guerrero y lo han enviado a la pasividad. «No volveré a intentarlo». Necesitaba de un hombre que me dijera que yo era valiente, que había hecho algo noble, que aunque no gane cada pelea hay cosas por las que vale la pena luchar... Y necesitaba que me enseñara cómo.

La herida es doble cuando el golpe viene de su propio padre, o quizás de un hermano mayor. A este respecto, el guerrero resulta herido cuando un niño tiene que convertirse en luchador demasiado pronto, como cuando su padre le dice: «No seas tan llorón», y lo envía de regreso a encararse con una banda de chicos que lo están molestando, o cuando vive en un hogar inestable donde los gritos y la ira dejan claro que cada cual va por su cuenta. O cuando no consigue vencer en nada. A mis hijos les encanta luchar, pero sus corazones perderían pronto el ánimo si cada vez me enojo y los cargo de culpa.

Por otro lado, si el padre es pasivo ¿cómo aprenderá el joven a ser un guerrero? Nada suscita tanta rabia, frustración y creciente falta de respeto en el corazón de un muchacho como la pasividad de un padre. El joven de la película *El patriota* no entiende por qué su padre no quiere luchar, y uno de ellos es asesinado cuando intenta rescatar a su hermano porque su padre no quiere. Muchos niños y jóvenes se encargan de las luchas familiares porque sus padres no quieren hacerlo. Cuando finalmente surge, los chicos descubren que su padre es un gran guerrero y sienten un gran respeto por él. Un hombre que conozco, un pastor de la escuela de «dulce amor de Jesús», me dijo un día que su hijo se había ido y se había enrolado en la Marina. El hombre estaba desconcertado. «No sé por qué lo ha hecho». Yo le diré por qué: porque usted nunca le enseñó a ser un guerrero, así que ha salido a encontrar alguien que lo haga.

Por último, el corazón del guerrero resulta herido, o desamparado, o algo queda suelto de muy mala manera, cuando el joven no cuenta con un rey y una causa a quienes servir. Brian, un colega mío, me dijo hace unas semanas: «Me he estado reuniendo con un grupo de amigos de la iglesia durante un tiempo. Sigue surgiendo una pregunta: "¿Qué hacemos sin un rey?" Los hombres de mi entorno están profundamente frustrados. Se autodenominan "Ronin", los guerreros samurái sin señor. Mi único intento de respuesta es que Dios es nuestro Señor en cada etapa. Él es el Padre cuando somos los hijos amados, y es nuestro Rey cuando somos guerreros. He visto en estos hombres que el anhelo de un rey corre muy dentro de ellos y que mi sencilla respuesta no era satisfactoria». Entiendo su frustración. Durante años yo estaba furioso con los mayores que no habían actuado como rey. Esto afecta muy dentro de nuestra orfandad.

Pero hay esperanza. Jesús ya no estaba acompañado por José cuando entró en su etapa de guerrero. A nivel humano, era huérfano. Pero sabemos que *no estaba solo*. Nosotros también tenemos un padre que es un gran guerrero y que nos criará como guerreros, si se lo permitimos, si queremos aceptar la iniciación que viene con esta etapa. Hay un guerrero en usted. Aunque hasta ahora ha estado abandonado en su vida, puede ser restaurado, recuperado y fortalecido. La promesa de la Escritura es que el Padre nos está educando para ser hijos como Jesús, es decir, tiene que ser usted tan valiente como él.

Padre, muéstrame cómo me he dado por vencido como guerrero. ¿Qué he pasado por alto? ¿Dónde me herí? ¿En qué me rendí? Llévame de vuelta a aquellos tiempos y lugares en que se detuvo el guerrero dentro de mí. Despierta y restaura el corazón del guerrero en mí. Entréname. Muéstrame en qué he claudicado, dónde estoy caminando en pasividad. Enséñame a mantener un corazón indoblegable. Levántame. Quiero. Soy tuyo.

Cómo hacer que surja el guerrero

¿Cómo hace Dios que surja el guerrero que hay en un hombre?

Al recordar los veinte últimos años, vi que casi todo lo que había aprendido como guerrero, o había aprendido en el campo de batalla, en la escuela de la realidad, en el aula de mi vida. Descubrí la respuesta a la pregunta: «¿Cómo hace Dios que surja el guerrero que hay en un hombre?».

Adversidad.

Algo en su interior sabe que esto es cierto. Creo que esto es en lo que más hemos malinterpretado lo que Dios está haciendo en nuestras vidas. En tanto en cuanto nos comprometemos con el camino de la mínima resistencia, con hacer cómodas nuestras vidas, juzgaremos como indeseables la prueba y la tribulación. Pero si buscamos un lugar de entrenamiento en el que prepararnos como guerreros, entonces las veremos bien. Esta es la verdadera cuestión. ¿Qué medio mejor que la adversidad? ¿Qué mejor manera de entrenar a un guerrero que poniéndolo en situaciones donde tenga que luchar?

Me encontraba en un viaje transoceánico hace unos meses, explorando la idoneidad de un país para una misión que teníamos en mente. Mientras llevaba a mis colegas al aeropuerto, le pedí a Jesús unas palabras de anticipo que pudiera darnos (algo muy sabio antes de entrar en la batalla). *No cedan ante nada.* No tenía idea de lo que iba a suceder, pero mirando en retrospectiva entiendo por qué dijo *ante nada*, en lugar de ciertas cosas concretas, porque me sentía como si casi todo chocara conmigo. Nuestros anfitriones eran buenos hombres, pero mediatizados, no *cowboys* ni guerreros, que en muchos aspectos seguían intentando implementar el modelo empresarial de cristianismo. El enemigo susurra: *Tú sabes más que ellos* y nos empuja a un sutil y arrogante asentimiento, lo cual podía haber arruinado nuestra relación. *No los tengas en cuenta*, dice el diablo. *No*, contesto, *nada de arrogancia.* Cinco minutos después vuelve: *Ellos no te están teniendo en cuenta.*

Fuimos a un hotel y la recepcionista nos atendió. «¿Puedo ayudarles?». Era la viva imagen de una chica con la que salí en el instituto, antes de ser cristiano. El enemigo se presentó al instante, usando una vieja herida para intentar llevarme a la seducción. *¿Recuerdas? Puedes volver a tenerlo.* Primero orgullo, ahora lujuria. ¿Cuántos hombres caen en esto? «No, gracias. Solo hemos venido a una reunión», contesté. Uno de nuestros colegas no consiguió llegar al encuentro previsto. Ahora lo intenta con juzgar: *Menudo inepto.* El resentimiento da un paso adentro: *Siempre te está fallando.* La herida causada por mi padre era el abandono, y el enemigo lo sabe, de manera que hace que me sienta como si mi amigo —y todo el mundo— me hubiera dejado abandonado. No quiero seguir con esto, luego vienen el lamento y el auto-reproche: *Tal vez algo va mal. Puede que hayas dicho algo que le doliera.*

Alguien hace un comentario sobre la dificultad de llevar a cabo las conferencias que habíamos planeado allí, y se mete el temor. *¿Y si no funciona? No hay garantía, ya sabes. Esto no va a funcionar.* Rechazo el temor. Diez minutos después el fracaso se ha convertido en éxito. *Podrías ganar un montón de dinero con esto.* Cierto, podría, pero no hemos venido a eso. Le dije al equipo: «Vamos a reducir el precio. Quiero que entre más gente». El equipo se quedó un poco perplejo. Vuelve la duda: *Qué idiota. No tenías que haber dicho eso.* Se lo aseguro, todo esto ocurrió en la primera hora y media siguiente a mi llegada. Todavía nos quedaban tres días hasta el regreso.

Esa noche, en la habitación del hotel, sueño con la chica del instituto, me despierto en la oscuridad, desorientado, en otro país en medio de la noche, sudando, y tengo que orar durante una hora antes de volver a dormir. Le siguió la resignación, que suele acompañarse de la fatiga. *Esto no vale la pena.* «Sí la vale», dije con fuerza en mi habitación a las tres de la madrugada. Más oración. La mañana siguiente, estoy irritado con nuestros anfitriones, que se dejaron las llaves en el auto de alquiler. *Inútiles. No los tengas en cuenta. Tienes que irritarte con ellos.* Viví este vaivén, sin parar, los cuatro días. La camarera es muy bonita, así que la seducción lo intenta de nuevo. La rechazo, y entonces me viene *La razón por la que no quieres tenerla es que eres gay.* De acuerdo, ya han pasado los límites. Gracias a Dios he visto bastantes batallas como para reconocer cuando se trata de una, y me puse firme, no cediendo ante nada. Me sentía como agarrado a una rama con un precipicio a mis pies. Había que orar en todo tiempo —en el ascensor, en el auto, en el baño— ser amable con las personas que seguían cometiendo errores; había que pelear esa batalla por dentro.

Podría contarle un centenar de historias como esta. Todas de un solo año.

Usted *va* a ser puesto a prueba. Como en la prueba de Jesús en el desierto, el enemigo viene, comprobando el perímetro. Conoce su historia, sus puntos débiles. Pero este *es* nuestro entrenamiento. Es el equivalente espiritual de «Levanta la guardia. Golpea desde lo alto. Así. Hazlo. La hoja más recta. La pierna atrás. Flexiona las rodillas. La espada más recta. Defiéndete». Así es como desarrollamos un corazón decidido. No hacemos tratos con ninguna tentación o acusación. Nos arrepentimos en el instante en que hemos caído, arrepentimiento inmediato, para no recibir más golpes. Oramos por fuerza del Espíritu de Dios en nosotros. Resistimos *directamente* —y esto es en lo que muchos hombres fallan— al enemigo, levantando la voz, como Jesús en el desierto. Citamos la Escritura contra él. Le ordenamos que se vaya.

Cuando haya acabado, deseará que acudan unos cuantos ángeles a servirle a usted también. Ruego que así sea.

Sea intencionado

La vida proveerá un millar de sesiones para la educación del guerrero. Tenga su radar conectado durante el día y hágase el propósito de *no* tomar el camino de la mínima resistencia. Tome el camino menos transitado. Si es usted el tipo de hombre que aborrece esta clase de conflicto, métase en alguno. Cuando surja un tema comprometedor en el trabajo —o en casa— no huya. Vaya hacia él. Haga preguntas difíciles. Manténgase firme. Suena el teléfono y usted ve en el identificador de llamadas que es alguien con quien no quiere hablar. Levante el auricular. Métase en la conversación. Esa es la palabra: *meterse*. Yo llego cansado a casa y solo quiero relajarme. Luke necesita ayuda con sus tareas escolares, Stasi quiere hablar, Sam y Blaine también necesitan algo. Elijo meterme en todo, y mi cansancio se alivia un poco cuando se levanta el guerrero.

Hay cosas que podemos hacer con intención para desarrollar el guerrero. Los deportes pueden servir. Es sorprendente lo que un sencillo juego de baloncesto puede aportar a un hombre. La competición es algo bueno y debe formar parte de la vida de todo hombre. La aventura también proporciona muchos escenarios para la aparición del guerrero. Hace algunos años mi familia y yo estábamos en una cabaña de las montañas durante un fin de semana largo, cuando se nos echó encima un tiempo bastante malo. Mientras Stasi y los niños se quedaban dentro junto al fuego sorbiendo cacao con malvavisco, yo me calcé las botas de nieve y me dirigí a un lago de alta montaña. Estábamos a casi –10 °C afuera, con una sensación térmica de veinte bajo cero, por el viento; lo bastante frío para congelar el agua de mi cantimplora. No había nadie más en el camino. Elegí ir *porque* el tiempo era espantoso, *porque* quería ser el único ahí afuera. Quería ponerme a prueba, resistir la adversidad y sufrir. Algo dentro de mi alma lo deseaba ardientemente. En esa época de mi vida pasaba la mayor parte del tiempo en un cubículo y sentía que me estaba reblandeciendo por dentro. De modo que, como dije en la etapa del *cowboy*, diríjase hacia algo que le ponga a prueba y verá surgir al guerrero.

Sea decidido. Cada vez que un hombre toma una decisión difícil, el guerrero de su interior se fortalece. Fíjese en esos contextos en los que usted suele ser pasivo, y haga lo opuesto. ¿Ante qué se está rindiendo esos días? Corríjalo. Las historias de guerreros también pueden serle útiles. El estudio de la vida de David como guerrero. Lea otras historias de grandes guerreros de la Escritura. Vea las películas que apelan al guerrero de su interior. Que le acompañen sus hijos a verlas. Lea relatos verídicos de héroes guerreros, como *Cuando éramos soldados*, *El Día D* y *Cuentos de soldados y civiles*.

Enfrentarse a su enemigo

Con el tiempo encontramos que tenemos que enfrentarnos cara a cara con nuestro enemigo. Estoy hablando del conflicto con espíritus inmundos y el reino de las tinieblas. Sé que muchos hombres han evitado esto durante largo tiempo. Buenos hombres, la mayoría, pero intimidados ante cualquier conflicto directo con el enemigo. Prefieren quedarse dentro del reino humano. «Soy un guerrero reticente», me confesó un amigo esta semana. «Mejor me quedo en la Comarca como si fuera un hobbit». Pero este año se hizo rey sobre una compañía y se esforzó en luchar en el campo espiritual «como nunca antes. Ha sido intenso». Lo cual nos recuerda que es mejor que el rey haya sido primero guerrero, o de lo contrario se replegará bajo los ataques o conducirá a su pueblo a la pasividad, como Theoden.

Tenemos el ejemplo de Jesús en el desierto como modelo de cómo debemos resistir a Satanás (y a todos los espíritus inmundos, porque Satanás tiene muchos demonios subordinados que trabajan para él). Jesús lo trata como a una persona real (no un ser humano, sino un ángel caído con intelecto y personalidad). No trata las tentaciones, acusaciones y ataques como si fueran debilidades propias, ni actúa como si fueran a dejarle en cuanto tratara de ignorarlas. Se enfrenta directamente al demonio en voz alta, con autoridad y con la Escritura. Más tarde, en el libro de Hechos, se nos presenta un ejemplo similar en la vida de Pablo:

> Una vez, cuando íbamos al lugar de oración, nos salió al encuentro una joven esclava que tenía un espíritu de adivinación. *con* sus poderes ganaba mucho dinero para sus amos. Nos seguía a Pablo y a nosotros, gritando: —Estos hombres son siervos del Dios Altísimo, y les anuncian a ustedes el camino de salvación. Así continuó durante muchos días. Por fin Pablo se molestó tanto que se volvió y reprendió al espíritu: —¡En el nombre de Jesucristo,

te ordeno que salgas de ella! Y en aquel mismo momento el espíritu la dejó. (Hechos 16.16-18)

Pablo ordena al demonio que se marche, con voz alta y con firmeza: «en el nombre de Jesucristo». Con ello quería decir «por la autoridad de Jesucristo». Así es como se hace. Jesús triunfó sobre todos los espíritus malignos por medio de la cruz (Colosenses 2.13-15). Ahora le pertenece toda autoridad en el cielo *y en la tierra* (Mateo 28.28). Él nos da su autoridad para vencer a los espíritus impuros (Lucas 10.19; Efesios 1:18-21). Por eso Pablo ordena al demonio «en el nombre de Jesús».

Esto se hará cada vez más necesario a medida que usted se levanta como guerrero, recupera el terreno que ha entregado y comienza a avanzar con el reino de Dios. Confrontación directa, con el modelo que nos dejaron Jesús y Pablo. Seguramente querrá usted leer sobre este tema. El libro de Ed Murphy, *Manual de la guerra espiritual* es excelente, así como *Victoria sobre la oscuridad* y *Se rompieron las cadenas*, de Neil Anderson, o *Guerra espiritual*, de Timothy Warner.

La sencilla regla para discernir los espíritus inmundos es «¿Qué está haciendo? ¿Qué efecto está teniendo?». ¿Siente usted un temor repentino? Entonces está usted tratando con un espíritu de temor. ¿Le aplasta el desánimo? Entonces es probable que le esté atacando un espíritu de desánimo. Jesús nos dejó el modelo en el desierto, no hay trato posible. No le deje lugar en su corazón. Acto seguido, échelo fuera en su nombre. Su vida es el campo de entrenamiento y, cuando se trata de guerra espiritual, todo el entrenamiento es con munición real. Hay que tomarlo en serio.

Algunos consejos desde el campo de batalla

Una batalla a la vez

El primer plan del enemigo es mantener al hombre fuera de la batalla como sea: por medio del temor, la duda, mala teología, ignorancia, sus heridas o la pasividad heredada de Adán. Si eso no funciona (sí lo hace con muchos hombres) y el hombre se alza como guerrero, el enemigo cambia a la táctica del amontonamiento. Lo entierra a usted en las batallas. Lo que hará será intentar atraerle a batallas que no eran para usted. Tenga cuidado, no quiera meterse en cada batalla que se le presente en el camino. Hitler juró que había aprendido de la Primera Guerra Mundial que jamás volvería a dejar que Alemania luchara una guerra con dos frentes. Acabó haciéndolo él también, lo que en gran medida causó la pérdida de las playas de Normandía: sus tropas fueron derrotadas en Rusia. Gracias a Dios. Pero no se deje meter en batallas que no son para usted, no importa lo urgentes que parezcan.

Tras la muerte de mi compañero Brent, había gran necesidad de que yo me encargara de sus pacientes de consejería. Había mucha gente necesitada. Pero oré por ello, buscando el consejo de Dios, y sentí que Jesús me decía: *Si no necesitaras demostrar que eres un buen hombre ¿harías esto?* (Dios responde a menudo nuestras preguntas con otra pregunta). No tuve que pensar mucho mi respuesta. Dije: *No, no lo haría.* Entonces me dijo: *No tienes que demostrarlo, John.* Liberado de cualquier necesidad de cumplir en esa situación, no me metí en esa batalla, en vez de eso me hice escritor. Pregúntele a Jesús: *¿Quieres que luche en esto?* Reciba las órdenes de su Rey.

Pelee sus batallas una sola vez

Seguro que no quiere usted consumirse en horas de especulación, dándole vueltas en su mente a cómo va a ir tal o cual cosa. Usted no sabe cómo va a ir, y ni una sola vez he visto que la especulación sirva para algo. No hace más que atarle un nudo. Resístala. No pelee sus batallas dos veces: una en la preocupación y la anticipación y otra cuando realmente entra en la batalla. Cruce el puente cuando se trata de eso. Hará falta fuerza y resolución, resistirse a la especulación previa. El guerrero de su interior saldrá fortalecido. Es otra manera de aprender a no rendir su corazón (en este caso, ante la preocupación y el agobio).

Durante un acontecimiento importante, dé por sentado que hay guerra

En la vida diaria los altercados, accidentes y contratiempos pueden ser simplemente eso y nada más. Un pinchazo es un pinchazo. Pero durante un evento importante, Stasi y yo, así como los que viven con nosotros, hemos encontrado que casi siempre hay guerra espiritual. Hay que tratarla como tal. Y cuando hablo de «evento importante» me refiero a los de carácter redentor: una misión, por supuesto, pero también una fuente de alegría, como un aniversario. El enemigo está ahí para robarle el gozo más que cualquier otra cosa.

Ofrezca resistencia inmediatamente

No deje que encuentren un punto de apoyo. Por muy cansado que esté, por molesto o inconveniente que sea el momento, el tiempo de luchar es *ahora*. Tomás de Kempis dice: «Sean vigilantes, sobre todo en los inicios de la tentación, porque el enemigo es más fácil de vencer entonces, si no dejamos que entre por la puerta de nuestro corazón, sino que lo resistimos al primer toque en la puerta». No se lo tome a la ligera diciendo «Me encargaré de esto más tarde». Me deja perplejo cómo le doy la bienvenida a una distracción, a una oportunidad para *no* tratar con ello. Tengo que comprobar mi correo, hacer una llamada, pasear por la casa o buscar algo de comer en la despensa *en el preciso momento en que debería estar orando.* Eso es sutil pasividad y rendición. Cuando ora, o resiste, o actúa con decisión *en los momentos en que menos lo desea*, el guerrero que hay en usted sale fortalecido. La próxima vez será todavía más fuerte.

Usted no se sentirá como un guerrero

Es importante saber esto, porque anhelamos sentirnos valientes y fuertes en la batalla. Pero rara vez es así. En el *medio* de la batalla se sentirá a menudo confuso, desorientado, tal vez abrumado, preocupado por la poca confianza en sí mismo. Ciertamente, sentirá los espíritus que están presentes y ellos trataran de hacerle creer que es *usted* el que tiene ira, orgullo o cualquier otra cosa con que le ataquen. Endurezca su rostro como el pedernal. Todo se aclarará en su momento y volverá a sentir la presencia de Dios y de su propia verdadera identidad. En medio de todo esto, la guerra es el caos.

No lo deje

Ganar una batalla supone más que una simple escaramuza, y un enemigo lleno de odio no se rendirá con un solo golpe. Siga luchando. El enemigo está probando su resolución. Muéstrele que no importa cuánto tarde, usted está completamente decidido a vencer.

Le santificará

El enemigo viene, Jesús se lo dijo a sus discípulos, pero «él no tiene nada en mí» (Juan 14.30, RVR1995). Me encanta. Jesús es tan limpio que el diablo no tiene nada en él. Nos dice algo de vital importancia sobre la guerra espiritual. Primero, la santidad es nuestra mejor arma. La guerra espiritual le hará santo. Créame. ¿Por qué está el enemigo usando ese aspecto en concreto de usted en este momento en particular? Invite a Cristo en ello. ¿Es una ocasión para el arrepentimiento? ¿Para una sanidad más profunda? ¿Para fortalecer sus puntos más débiles? Bien, eso es bueno. Eso le hará un hombre mejor. La batalla en que nos encontramos proporciona un nuevo propósito total a la santidad. El llamado no es para «ser un hombre moral porque eso es lo decente». El llamado es «llegar a ser un hombre santo y un guerrero, porque lo necesita en esta batalla y, si no se convierte en ese hombre, será usted derrotado».

La recuperación del guerrero es absolutamente crucial para la recuperación de un hombre. Todo lo demás descansa sobre esto, porque ustedes tendrán que luchar, hermanos, por todo lo que usted desea y ama en este mundo. A pesar de cómo se sienta o de lo que le hayan dicho, tiene usted un corazón de guerrero, porque lleva usted la imagen de Dios. Y él le entrenará para llegar a ser un gran guerrero, si usted le deja.

Padre, tú eres un gran Guerrero y me hiciste a tu imagen. Soy tu hijo y también un guerrero. Abre mis ojos para ver cómo has estado desarrollando el guerrero de mi interior. Enséñame en qué he malinterpretado lo que ha estado ocurriendo en mi vida. Dame la fuerza y resolución para levantarme y aceptar el entrenamiento de mi guerrero. Y cuando estoy perdiendo las fuerzas dame de tu gracia y ánimo para permanecer firme todo el camino hasta la victoria. En el nombre de Jesús.

6 El enamorado

Hallé al amado de mi alma.

—Cantar de los Cantares 3.4

Decir que he venido a las montañas, solo, para estar con Dios, sonaría como si hubiera venido por mi propia voluntad, haciendo que el viaje parezca noble, austero, valiente. Pero no sería sincero. Me vine a las montañas porque fui *convocado*. Exhausto tras meses de batalla y duro trabajo, necesitaba salir, sabía que lo necesitaba, pero algo me impedía hacerlo. Usted sabe cómo es eso: se ha encontrado en la rutina, odiándola, pero acostumbrado, incluso adicto a ella, y salir de ello parece algo inconveniente, incluso si con ello salvara su vida. Gracias a Dios, había algo más profundo en mi interior que estaba recibiendo un llamado, un anhelo difícil de describir, un irresistible deseo de Belleza. Así es como Dios me trajo.

El gran peligro para el guerrero no es la derrota, sino el éxito. Como dije antes, lo que el maligno le hace a un buen guerrero —si no puede derrotarlo, si no puede evitar que entre en batalla— es enterrarlo. Amontonamiento. Convertirlo todo en batalla. Hacerlo permanente. Una batalla tras otra, como hace Jeremiah Johnson cuando su fama empieza a extenderse, como David a causa de los celos de Saúl y después porque sus enemigos se dan cuenta de que él es el enemigo a batir. La Compañía Easy el regimiento 506 en la Segunda Guerra Mundial se mantuvo consiguiendo una misión tras otra porque estaban a su alcance. Como Jesús, que tuvo que salir de la ciudad porque se había esparcido la noticia de sus milagros y todo el mundo esperaba a la puerta con alguna necesidad (Marcos 1.29-37).

No debemos permitir que la batalla lo sea todo.

Así, durante algunos años he puesto en práctica el retiro a algún lugar remoto para estar con Dios, normalmente durante tres días. Hasta ahora mi costumbre ha sido marchar al desierto para garantizar la soledad y todo lo que conlleva. Pero este año estaba demasiado cansado para dar caminatas como una mula de carga cargando con mi tienda de campaña. Así que elegí un lugar hasta el que pudiera manejar, un largo camino al que ir sobre cuatro ruedas, esperando que me llevase lo bastante alto en las montañas para estar donde mi corazón se reavivara, lo cual significa en mi caso llegar a la altura en que ya no crecen los árboles. Cuando me detuve junto al camino y aparqué, me encontraba en una amplia pradera de montaña rodeada por cumbres glaciales, con flores silvestres en plena floración y el sol calentando con fuerza debido a la poca densidad de la atmósfera.

Dejé mi ritual acostumbrado de montar la tienda, agarré mi caña de pescar y caminé hasta el medio de la pradera, permanecí en pie un momento, suspiré profundamente y lo dejé ir todo, todo lo que había dejado atrás, para dar a toda esa belleza un lugar en mí. La calidez, el aroma de la hierba y la menta silvestre, el sonido de la pequeña corriente, las cumbres de alrededor. Me quedé ahí durante un tiempo para dejar que la belleza de mi entorno me envolviese. Luego me puse a pescar.

El riachuelo fluye con una anchura de unos dos metros, abriéndose camino por la pradera de manera más bien caprichosa, con curvas y giros que solo la naturaleza puede explicar, sin aparente prisa por llegar a ninguna parte. Las truchas que viven en esta corriente son muy pequeñas, de unos quince centímetros y. pese al breve verano seguido de un largo y duro invierno pasado bajo la nieve y el hielo, son vibrantes y enérgicas. Delicadas criaturitas con un resbaladizo dorso verde entrecruzado con dibujos color musgo, con aletas rojas de bordes blancos y docenas de puntos color lavanda a lo largo de sus costados, dentro de los cuales hay un brillante punto rosa. Como dice Hopkins: «Gloria a Dios por las cosas moteadas, por los cielos de dos colores como una vaca pinta, por las motas rosa en punteado sobre la trucha en el agua». Pesqué algunas y las agarré sobre las gélidas aguas, asombrado por su belleza y vitalidad, después las devolví para que vivieran otro invierno. «Poemitas» es el nombre que les puse. Destellos vivientes de belleza.

Al haber perdido una mosca anzuelo entre los arbustos —no estaba lanzando bien, en parte porque me encontraba distraído ante tanta belleza— me arrodillé para preparar otra. Me vi de rodillas en aguas poco profundas que ondeaban sobre estantes de piedras y guijarros dentro de una curva del arroyo. El agua solo tenía unos ocho centímetros de profundidad aquí, lo suficiente para empapar las piedras con plenitud de colores. Como usted habrá notado, una piedra salta a la vida con solo mojarla, lo que se aprecia hasta en las calles, que se ven mejor después de la lluvia. Los guijarros del fondo se abrían en un mosaico hecho de miles de piedras de granito, la mayoría de ellas del tamaño de una moneda. Púrpura, marrón de muchas tonalidades, desde el marrón claro hasta el chocolate, amarillo, negro, blanco, un terreno suavizado completamente por los glaciares, dispuesto como un mosaico bizantino. Cada piedra estaba moteada, al ser de granito, y en conjunto ofrecían un dibujo parcheado, que a su vez recibe otras manchas de las ondulantes aguas y la luz que penetra rizándose sobre ellas. Podría quedarme contemplando el vibrante mosaico toda la tarde. Era cautivador, tranquilizador e intrigante: las cosas que ofrece esta amable, íntima y fluida belleza.

Todavía estaba de rodillas en las aguas poco profundas y cuando miré abajo, mi mirada cayó sobre una piedrecilla en particular, como si estuviera de alguna manera iluminada, lo que no es del todo correcto porque era una de las piedras más oscuras del mosaico, casi negra, de modo que no podría destacar por su brillo. Pero aquellos de ustedes que hayan tenido esta experiencia sabrán a qué me refiero, cuando en una multitud sobresale un rostro ante usted para decir *míreme*, o cuando está leyendo un pasaje y una frase le hace detenerse mientras el resto de la página se difumina en el fondo, toda menos esa frase. La piedra tenía la forma de un corazón.

Un beso de Dios. Una nota de amor. Me estaba cortejando.

La conversión estética

Llegamos ahora a una bifurcación en el camino de la travesía masculina, una etapa que es esencial y, por desgracia, frecuentemente omitida y esquivada por muchos hombres. La etapa del enamorado. Con esto no me refiero principalmente a la época de la vida de un hombre cuando se enamora de una chica. Aunque es parte de ello, no creo que sea lo central de la etapa ni su expresión definitiva. Espero que haya una chica en escena y que ella ponga patas arriba el mundo de usted. Eva es la gloriosa intrusión de Dios en el mundo de los *cowboys* y guerreros, porque nada, absolutamente nada, irrumpe como Eva, y ella está para cambiar sus vidas para siempre. Sin embargo, hay movimientos en el alma del hombre joven que deberían ocurrir preferentemente *antes* de la entrada de Eva en el escenario, movimientos que a menudo se producen pero no se reconocen hasta que ella está ahí.

Empieza a *reparar en* cosas. Por primera vez se fija en la luna reflejada sobre el agua. Le conmueven ciertas partes de una canción que le gusta. Hace una pausa para darse cuenta de que un copo de nieve o una flor son algo totalmente asombroso. Descubre escritores que le tocan con algo especial en sus escritos. Eso sí, normalmente lo suscita una mujer. Buechner habla de un tiempo cuando era niño y se enamoró de una chica en las Bermudas, «y toda la belleza que yo había anhelado tanto tiempo era anhelo por ella». La mujer es la personificación de la Belleza y a menudo ésta toma a aquélla para hacer que la atención del joven se vuelva de la aventura y la batalla, «vuelve la mirada» y su corazón se gira también con ella. Un joven escritor que vino a verme me contó que comenzó a escribir poesía, muchos poemas, cuando se enamoró por primera vez. Con el tiempo aquella mujer se fue borrando de su mente —un romance de instituto— pero siguió escribiendo, su corazón despertó. Esta es la historia del peregrinaje de Anodos en *Phantastes* de

MacDonald, donde un hombre es despertado por una belleza particular, a partir de la cual debe emprender un peligroso viaje en busca de la Belleza en sí misma, la que él anhela.

> Créame. Si me hubiese conocido hace algún tiempo, no creería que estoy en estos bosques ahora mismo, escuchando tan feliz el piar de los mirlos, estudiando las selaginellas [...] Ni yo puedo creerlo [...] Cada vez que vengo al viejo bosque de Collins veo algo que antes no había visto. Los árboles que hace diez años me parecían todos iguales son ahora una colección de fresnos, olmos, cornos y nogales. En un duro invierno, si mira con atención, verá usted cómo una parte de sus troncos, a ras de suelo, está roída por los conejos que comen de su suave y nutritiva corteza. [Más allá ve] un amplio campo que el sol está revelando con matices de color tierra, pasando por jengibre, bronce y alheña hasta, casi un kilómetro más allá, el gris metálico que señala el fin de la vegetación a lo largo de Scaggs Creek, desde un horizonte plateado que se convierte en un abrumador cielo semejante a la porcelana azul de Delft. (*The Everlasting Stream*)

Las caminatas por bosques y campos han despertado al enamorado, como en muchos hombres. El gran guerrero rey Jerjes se detuvo, con su ejército de dos millones de hombres tras él, en su marcha por Persia, para contemplar un sicómoro. Se quedó atónito ante una figura de la belleza que le cautivó de tal manera que mandó hacer una réplica de oro para poder recordarlo el resto de su vida. Esto es muy bueno para el guerrero, detenerse a causa de la Belleza. Con ello demuestra un gran equilibrio en su alma, ya no es un mero luchador. Los celtas tenían una frase: «Nunca des una espada a un hombre que no puede bailar» con lo que querían decir que, si no es *también* un poeta, tiene que cuidarse de cuánto llegará a tener de guerrero ese hombre.

Hubo un tiempo, hace años, en que Brent y yo estábamos pescando juntos en el río San Juan de Nuevo México. Era septiembre y los álamos estaban adquiriendo su tono dorado, al igual que la hierba de los campos, con matices de color óxido y ocre, hasta un intenso color ciruela. El calor del día se prolongaba largas horas y el sol parecía quedarse en el cielo, pero al final ya había dado paso al atardecer y al frescor vespertino. Mirlos de alas rojizas trinaban entre las cañas junto a las orillas del río. Las truchas, que han estado todo el día fuera del alcance del sol —y de nuestras cañas— en profundos y oscuros estanques, se trasladan ahora a las aguas rápidas y poco profundas. Una cálida brisa soplaba río abajo, mezclándose con el aire fresco que venía de los carrizos. El tiempo se marchaba con el calor del día, la eternidad se acercaba con el anochecer.

Miré al este y había una luna llena en lo alto por encima de las pétreas mesas del desierto, plateadas y redondas, posadas sobre los barrancos, como la gran dama del ocaso en su balcón. Mientras la miraba, una brisa me acarició el rostro y supe que era Dios. Una bandada de patos pasó volando frente a la luna, dibujando su silueta a contraluz, y ya sí que había desaparecido el tiempo y solo estaba la Belleza, la Vida y la Amistad. Mi corazón se avivó, bajo los susurros amorosos del gran Enamorado.

A menudo está fuera de nuestro alcance describir a los demás el efecto que tiene en nuestra alma la compañía de hombres en el río, caña en mano. Más difícil todavía es captar la poesía, la belleza que pasa a escondidas sobre nosotros como el beso de una brisa vespertina que roza dulcemente su cara. Pero esos momentos están entre los más valiosos de nuestros recuerdos y contienen la fuerza que puede alzar nuestra alma hacia la Belleza y la eternidad, hacia Dios. Atrapar un pez no es ya lo importante, ni cazar un alce, ni los faisanes, solo cuenta lo que ellos nos han llevado a buscar aquí. Como dijo Thoreu, la mayoría de pescadores consumen toda su vida sin saber que lo que realmente persiguen no son peces.

Podría hablarle de un atardecer en el río Lamar, al noreste de Yellowstone, también en otoño, también en el crepúsculo, en que me quedé solo en el vasto desierto para escuchar cómo comenzaban a aullar los lobos. O de una vez a finales de primavera, en los desiertos cañones de Moab, asentados en lo alto de la cornisa de un barranco, asegurando la escalada de los que me seguían desde abajo, cuando se instaló una vez más el Romance. Las blancas piedras areniscas desprendidas por el río, semejantes a grandes olas congeladas en el tiempo, devolvían un matiz rosáceo bajo el sol poniente, y el embarrado río se había convertido en un espejo de las rosadas peñas desprendidas. El cielo, de un azul suave, y los verdes sauces de la orilla mezclaban los colores como en un remolino sobre el agua, fluyendo como un río de pintura. El exótico perfume de los florecientes acebuches se desplazaba en cálidas brisas cañón abajo, el tiempo volvió a desaparecer y por un momento todo fue como tenía que ser.

El despertar poético

Hemos oído innumerables veces que los hombres son seres racionales, junto con la evidencia de que nuestros cerebros funcionan de manera diferente a los de las mujeres, y eso es verdad. Abstracciones espaciales, lógica, análisis: los hombres tendemos a sobresalir en estas funciones porque usamos más el hemisferio cerebral izquierdo que el derecho, y las fibras del tejido nervioso que conecta ambos hemisferios aparecen en las mujeres en proporciones mucho más altas que en los hombres. Las mujeres tienen una autopista nacional uniendo los dos lados del cerebro. Los hombres tenemos un camino de juguete. Por eso los hombres tendemos a dividir en compartimentos, una capacidad que nos permite manejar las atrocidades de la guerra y administrar justicia. Eso también nos hace excelentes ajedrecistas y mecánicos de autos.

Y sin embargo...

No me lo trago. Demasiados hombres se esconden tras la razón y la lógica. Un hombre debe crecer más allá de la mera racionalidad, o se quedará estancado como hombre, desde luego como enamorado. Ninguna mujer quiere que la analicen y muchos matrimonios fracasan porque el hombre insiste en tratarla como un problema a resolver más que como un misterio a conocer y amar. David fue un astuto estratega como guerrero, pero también era un poeta de primera. Jesús podía salir victorioso de cualquier debate teológico, pero era también un artista (el creador de este mundo de Belleza), un poeta (su Espíritu inspiró los salmos a David) y un narrador. Cuando dice: «Consideren los lirios de los campos» no quiere decir que los analicemos, sino que los *contemplemos*, los interioricemos y dejemos hablar a su belleza, porque «ni siquiera Salomón, con todo su esplendor, se vestía como uno de ellos» (Mateo 6.29). Él apela a su belleza para mostrarnos el amor de Dios.

El enamorado despierta cuando un hombre llega a ver que lo poético es mucho más auténtico que lo proposicional y lo analítico. Diga lo que diga la fisiología, lo he visto así en muchos hombres.

Yo no vine a Cristo porque estuviese buscando una religión, sino porque buscaba la Verdad y, al haberla encontrado, supe que tenía que ser verdad a lo largo de los dominios de la cultura humana. Deseaba intensamente tener argumentos intelectuales para defender el cristianismo y los encontré primero en Shaeffer y después en los escritores reformados, a quienes sigo estando muy agradecido. Hay razones para creer. Mi cabeza estaba satisfecha, pero mi corazón anhelaba algo más. Al tiempo que encontraba lógica en mi teología (y me enfrentaba a mi profesor de filosofía), estaba siendo cortejado por la Belleza de las montañas y desiertos, de la literatura y la música. ¿Por qué me acercaban a Dios más que el análisis? ¿Por qué toda la disección de la teología sistemática separa la vida de la Palabra de vida? Entonces descubrí escritores como Oswald Chambers, C. S. Lewis y su sabio, George MacDonald. Hombres inteligentes todos ellos. Hablan a la mente pero también al corazón. Más al corazón.

Comencé a pescar a última hora de la tarde, bien entrada la noche, por razones difíciles de explicar. Tenía hambre de trascendencia, de misterio. Empecé a pintar y la brecha entre el despertar de mi corazón y las áridas proposiciones de tantos seguros racionalistas ya no me decía nada. El enigma se resolvió cuando descubrí que Chambers había sido estudiante de arte antes de hacerse teólogo. Su biógrafo David McCasland escribió: «Si había un rasgo de su infancia que presagiaba su don y su pasión de juventud, ese aparecía en el reino del arte». Ah, sí, eso lo aclaraba todo. He aquí un hombre que conoce el Camino del corazón porque conoce y ama la Belleza. Mucho antes de entrar en el campo misionero (como un maduro guerrero), Chambers escribió poesía, incluso un poema en defensa de la poesía, comparando «esas divinas esencias que llamamos Música, Poesía, Arte, a través de las cuales inspira Dios su espíritu de paz en el alma» con «la mecánica monotonía de lo que se conoce como hechos».

El secreto de Lewis lo encontré en su autobiografía:

> Un día de verano, junto a un grosellero florecido, de repente me asaltó sin avisar, como si surgiera de una distancia no de años sino de siglos, el recuerdo de aquella mañana en la Casa Vieja cuando mi hermano trajo al cuarto de jugar el jardín de juguete. Es difícil encontrar palabras suficientemente expresivas para la sensación que me invadió; la «tremenda dicha» del Edén de Milton (dando a «tremenda» el sentido completo que le daban antiguamente) se acerca un poco a ella. Por supuesto, fue una sensación de deseo; ¿pero deseo de qué?
>
> [...] El segundo deseo llegó gracias a *Squirrel Nutkin*; solo por él, aunque me encantaban todos los libros de Beatrix Potte. Pero el resto eran meramente de entretenimiento; este sacudía, era un problema. Me trastornó con lo que solo puedo describir con la idea del Otoño. Suena increíble decir que uno puede estar enamorado de una estación, pero es algo parecido a lo que me ocurrió; y, como antes, la experiencia fue de un deseo intenso. [...] El tercer deseo vino a través de la poesía. Me había aficionado a la *Saga of King Olaf*, de Longfellow: Me aficioné a él de una forma superficial y casual, por su historia y sus ritmos vigorosos.

> Pero entonces, y totalmente distinto de aquellos placeres, como una voz 188 La travesía del corazón salvaje de las regiones más lejanas, llegó el momento en que, pasando distraídamente las páginas del libro, encontré la traducción en prosa del *Tegner's Drapa* y leí:
>
> Oí una voz que gritaba.
> Balder el hermoso
> Está muerto, está muerto
>
> Yo no sabía nada sobre Balder; pero instantáneamente fui elevado a amplias regiones del cielo nórdico y deseé con una intensidad enfermiza algo indescriptible.

Lewis llega a decir: «El lector que no encuentre interés en estos tres episodios no es necesario que siga leyendo este libro [*Cautivado por la alegría*], pues, en cierto sentido, la historia de mi vida no se centra en nada más». No trata de otra cosa, porque ¿qué podría ser más grande que el intenso deseo, la penetrante alegría de la Belleza? Está describiendo la conversión estética, y eso le condujo hasta Dios. A través de sus escritos y de escritos ajenos, a través de bosques y campos, del arte y de la música, mi corazón estaba siendo cortejado de muchas maneras. Porque lo que nos dirige al corazón de Dios es lo que primero suele elevar nuestros corazones por encima de lo mundano, lo que despierta el deseo anhelante. Y esta vida es, queridos hermanos, la vida de su *corazón*, la que Dios procura con afán.

Dios como Enamorado

John Wesley tenía treinta y cinco años cuando experimentó el famoso «enardecimiento» de su corazón —no de su mente— hacia Cristo y supo en ese momento que se había convertido en algo más que un mero cristiano, que era algo más: un enamorado de Dios. Poco después escribió el himno «Jesús, Amado de mi alma» cuyo primer verso se traduciría literalmente como «Jesús, Amante de mi alma déjame volar hasta tu seno». A lo largo de los años el himno ha provocado en muchos himnólogos la búsqueda de una traducción más digerible. Como dijo John Lulian: «la dificultad está en el término *Lover* [amante, enamorado] aplicado a nuestro Señor». Las versiones actuales del himno dicen «Jesús, Salvador de mi alma» o «Jesús, Refugio de mi alma», que apenas rozan lo que Wesley quería decir. Él quería decir *Enamorado.*

Notará usted lo dominante que ha sido la opinión de que «la razón y el conocimiento lo son todo». Por eso en la iglesia se llama frecuentemente místicos a quienes se enamoran de Dios. Ese es un término que implica honra y a la vez cierto rechazo. *Místico* significa «inexplicable», lo cual lo hace caer en lo «irracional». *Místico* significa también «excepcional, en tanto que opuesto a lo normal». Algo extravagante. Es difícil de analizar. Este ejemplo de Jaroslav Pelikan serviría como muestra clásica:

> El carácter legítimo de llamar a Jesús «Enamorado de mi alma» o «Novio de mi alma» depende de la legitimidad, tanto psicológica como religiosa, de todo el empeño místico, y después de la afirmación de las subespecies particulares de tal misticismo

normalmente etiquetadas como «misticismo cristiano». Para una definición funcional, podemos identificar el misticismo como «la experiencia, sin intermediarios, de la unidad con la Realidad Suprema».

Me pregunto cómo harían esos hombres el amor con sus esposas. «Mi fiel compañera, ¿te importaría participar en una definición funcional de la unidad esta noche a las 10:30?».

Tal vez haya que recordar que a estas alturas David ya era un hombre hecho y derecho, no un adolescente, y es también un guerrero endurecido con años de batallas y experiencias de combate cuerpo a cuerpo. ¿Qué diremos? Si un amigo suyo de cuarenta y tantos años le dice que pierde el sueño por un amor, no deja de llorar, escribe poesía y canciones románticas, consumiéndose hasta que puede volver a estar con ella, ¿no le parecería que ha perdido la perspectiva? Sí, el amor es maravilloso, pero, vamos hombre, serénate. Por dentro usted pensaría que su amigo está hecho una calamidad. Pero también puede que deseemos experimentar lo mismo.

La humildad nos obliga a tomar ante el romance de David con Dios una postura más o menos así: No tengo idea de qué está hablando, pero él es un hombre mucho mejor que yo y ha encontrado algo que necesito conocer, lo necesito más desesperadamente de lo que tal vez sea consciente.

El enamorado no es un ejemplar tan raro como podríamos pensar. Lo que ocurre es que cuando empieza a desarrollarse esta etapa él no está seguro de cómo hablar de ello, ni con quién hablarlo. Bryan, un colega, ha visto recientemente cómo su mundo se ponía patas arriba. Había vivido mucho tiempo en los dominios de «amor por Dios significa servicio a Dios». Además, como hombre inteligente que es, su carrera profesional se ha venido desarrollando últimamente en la industria informática. Entonces llegó el Creador de Romances:

> Algo ha cambiado. El mundo ya no es lo que parecía. Comenzó con pequeñas cosas. Un más largo y profundo suspiro cuando contemplo las montañas. Detengo el auto junto al camino para contemplar la puesta de sol. Busco la belleza en un festival de arte en Santa Fe. Después de algunas semanas, empecé a oírle susurrar: «Aquí estoy [...] ¿Me has visto? ¿Quieres ver más?». Despacio, me pilló desprevenido. Mi corazón empezó a reposar. Mis ojos se abrieron a los misterios y a la belleza de Dios. Comencé a darme cuenta de que se preocupaba por mi corazón. Dios me perseguía [...] cortejándome. Mi búsqueda de la belleza se había invertido. Se había convertido en Dios buscándome a mí. Me di cuenta entonces de lo que estaba viendo y rompí a llorar. Dios estaba obrando como si él *estuviera enamorado* de mí.
>
> Lisa, una amiga, me compró una daga con adornos a la que llamó: «Belleza», porque nada penetra en el alma como la belleza. Esto era un presagio de los planes de Dios para mí. Su intención era que la belleza penetrase profundamente en mí. A través de conversaciones en presencia de esta donosa mujer, en la presencia de un santo, hermoso y justo Dios, llevó mi corazón a todas las luchas que yo había tenido para encontrar amor en Eva. Estaba abrumado. Dios habló a mi roto corazón de adolescente para decirle que el amor no se perdió en aquellos lejanos años [...] el

> amor no tenía que encontrarlo en Lisa esa noche [...] ni tenía que encontrarlo cuando trabajaba duramente para tener un matrimonio ideal. Vi la belleza y la gloria que permanece en lo profundo de él. En cada lugar donde había visto amor, dondequiera que lo había encontrado, había sido él. Su amor por mí es más grande de lo que imaginé y estoy aprendiendo a apoyarme en ello. Mi corazón descansa mucho más ahora [...] sabe que no todo es lucha [...] buena parte de la vida es romance.

El Gran Creador de Romances ha despertado a un enamorado. En esta etapa de la relación de un hombre con Dios se abre una nueva frontera. Mientras en otros dominios Dios seguirá siendo el Padre, e Iniciador, cuando el Enamorado empieza a surgir Dios invita al hombre a convertirse en su «íntimo». Esta es la etapa crucial. El peligro del guerrero es que la vida viene definida por la batalla, y que no es bueno para el alma ni es verdad para nuestra historia, porque hay algo más profundo que la batalla y eso, amigos, es el Romance. Como nos recuerda Chesterton «El Romance es lo más profundo de la vida». La nuestra es una historia de amor. Algo que se quede por debajo de esto será cristianismo de huesos secos. Por eso nos anima Chambers: «Adquieran el hábito de decir "Habla, Señor" y la vida se convertirá en un romance [...] una gran historia de amor, una gloriosa oportunidad de ver cosas maravillosas todo el tiempo».

ENAMORARSE

Dicho todo esto, podemos ya hablar de enamorarse de una mujer. Es *obligatorio*. Porque Dios ha dicho que la vida del hombre no va bien sin ella (Génesis 2.18), de modo que no importa lo audaz, valiente o guerrero que sea el aventurero, el hombre no vive como tal la vida hasta que hace sitio para una mujer en su existencia. Y, en la mayoría de los que están en esta etapa, suele ser una mujer la que llega a despertar el corazón del hombre.

Ahora bien, lo que suele ver primero no es a una mujer en particular, aunque la esté observando a ella. Lo que ve es la Mujer, la Belleza en sí misma, la ternura, la intimidad y la atracción, de eso es de lo que se enamora. Estamos, todos nosotros, cautivados por algún recuerdo de Eva. Todavía recuerdo a una hermosa chica que solía regresar a su casa desde la escuela pasando por la casa de mi amigo Danny, en sexto curso, y la adorábamos, esperábamos cada día que pasara aunque nunca llegamos a saber su nombre. Nos cautivaba, abandonábamos nuestros juegos de futbolines y nos dejaba con un desasosiego que no sabíamos cómo llamar. Eso es un principio. Los hobbits son raptados en su viaje por una belleza que jamás podrían poseer: Frodo por Arwen y Sam por Galadriel.

Pero, afortunadamente, el joven llegará a conocer a una mujer real, no a la universal sino a la mujer concreta de la otra fila en la clase de química, o la que pasea el perro en el parque. Tal vez empiezan como amigos y de repente un día él *la* ve. Se fija en ella. Porque la etapa del enamorado implica ver como solo los enamorados pueden ver. Así fue el principio de mi romance con Stasi. Éramos compañeros de clase y «amigos» de instituto, y un año después de acabar la secundaria, un día de verano, desperté a la Belleza que ella era, la vi de verdad por primera vez y me enamoré. Todo cambió, no solo entre nosotros sino en todo mi mundo. Me encontré amando muchas cosas porque quería compartirlas con ella: lugares especiales, canciones, obras de arte que quería que ella viese porque sabía que vería en ellas lo mismo que yo, y nuestro romance me hizo amarla más y más, y al compartir con ella la amaba más.

El despertar de su corazón es esencial si un hombre ha de amar de veras a una mujer. Contempla las cosas desde el punto de vista de ella. ¿Qué es lo que ella desea en un hombre? Toda niña sueña con el día en que llegue su príncipe. Mire las películas que gustan a las mujeres: el héroe es un *creador de romance*. Él la busca, conquista su corazón, la introduce en una gran aventura e historia de amor. Fíjese en una cosa, ¿cuál es la queja principal de toda mujer en un matrimonio decepcionante? ¿No es acaso que ya no la busca, que no la corteja? La vida se ha reducido a trabajar y resolver problemas. Lo que ella anhela es lo que usted tendría que haber sido.

Por eso, en lo referente a amar a una mujer, la gran distinción está entre los hombres como enamorados y los hombres como consumidores. ¿La busca, la necesita, porque le acucia alguna necesidad de validación (le hace sentirse un hombre), o de misericordia, o de simple gratificación sexual? Tal hombre es un consumidor, como lo llama mi amigo Craig. El enamorado, por su parte, quiere luchar por *ella*. Quiere protegerla, hacerla vivir mejor, llenar su corazón en todo lo que pueda. No es una carga traerle flores o música, ni pasar horas hablando. Al haber despertado su corazón, quiere conocer, amar y liberar el corazón de ella. La diferencia sexual entre el enamorado y el consumidor es reveladora: lea el Cantar de los Cantares y pregúntese si le suena como su propio dormitorio. El enamorado quiere «hacer el amor». El consumidor... bueno, hay muchas expresiones soeces que los hombres suelen usar para referirse a acostarse con ella.

Por supuesto, la etapa del enamorado conlleva gran dolor y sufrimiento, porque estamos hablando del corazón, y el corazón, como todos sabemos, es más vulnerable que cualquier otra cosa. Elástico, gracias a Dios, pero vulnerable. La cota de gozo a la que esta etapa nos introduce es más grande que ninguna otra, pero con ella viene la posibilidad de penas tan profundas como las alturas de gozo alcanzadas. Por eso debe ser también un guerrero y por eso también debe encontrar su mayor amor en Dios.

Herido

El corazón del enamorado nunca consigue despertar o desarrollarse en un hombre mientras este rechaza el corazón, elige quedarse en el mundo del análisis, de la disección y de «la razón lo es todo». El enamorado recibe una herida en un hombre (a menudo empieza en un joven) cuando contempla a la mujer en busca de ese amor primario y esa validación que se suponía que le debía dar su padre. Con frecuencia está herido profundamente por la ruptura de alguna relación amorosa juvenil. Y resulta herido cuando tiene un encuentro sexual demasiado pronto.

Hay muchas razones por las que un hombre evita el mundo del corazón y de su propio corazón. Puede ser que le avergüence su padre cuando intenta acercarse a ello, porque él piensa que el arte, la creatividad y la belleza son «cosas de chicas». Así, para él, el corazón solo ha sido una fuente de dolor y bochorno. Cree que un hombre no puede serlo de veras y vivir del corazón. Puede ser que simplemente nunca le hayan invitado a conocer su propio corazón.

Pero debemos recordar la caída de Adán y el feroz compromiso que compartimos todos los caídos: nunca estar en una posición donde no sabemos qué hacer. La razón y el análisis son predecibles, manejables. Nos hacen sentir que tenemos las cosas bajo nuestro control. Creo que por eso muchos hombres se quedan ahí. Es seguro, aunque acabe con su alma.

El enamorado puede avivarse parcialmente cuando un hombre encuentra a una mujer y se enamora, y durante un tiempo su corazón parece vivo y su romance floreciente. Pero las cosas empiezan a desvanecerse y ni él ni ella saben por qué. La razón es que él detuvo la progresión, nunca llegó a conocer a Dios como enamorado. Ninguna mujer puede satisfacer este anhelo en el corazón de un hombre, y ninguna buena mujer quiere intentarlo. Cuando él la convierte en el centro de su universo, suena romántico durante un tiempo, pero los planetas empiezan luego a colisionar. El romance no es tan grande. Él tiene que volver a encontrar el despertar de su corazón cuando lo abra a Dios, y aunque puede haber tardado un tiempo en el viaje, encontrará que tiene algo que ofrecer a su mujer de nuevo.

En cuanto a la búsqueda de validación a partir de una mujer, ¿cuántos de ustedes se identifican con esto? Hace años noté que cuando estaba hablando ante un público —algo que llevo haciendo durante gran parte de mi carrera de una u otra manera— a menudo podía distinguir las mujeres más bellas entre la gente y observar sus reacciones, deseando seriamente impresionarlas. Era algo más compulsivo que intencionado, pero sonaba a infidelidad. Y lo era.

Estaba procurando que ellas me validaran, una mera expresión en una larga y estéril búsqueda. Mi padre me dejó con una enorme pregunta grabada en el pecho: *¿Soy un hombre? ¿Tengo lo que se requiere?* Como tantos hombres, proyecto esta pregunta sobre las mujeres, lo cual sabotea el corazón del enamorado en mi interior. Incluso ahora, en la etapa en que deben actuar como reyes, muchos hombres están espantados ante sus esposas porque les parece que ellas son su castigo y, al mismo tiempo, la Belleza de la pantalla parece muy sugerente porque les hace sentirse hombres.

Cuando recordé la relación que tuve con amigas desde la secundaria, me fijé en un patrón que me preocupó: yo siempre esperaba a que «ella» me buscara a mí. Al saber ahora que no es así como un hombre debería actuar, me pregunto: ¿Dónde empezó eso? Dios me hizo recordar mi primer amor, una chica por la que perdí la cabeza siendo preadolescente. Le di mi corazón y ella lo rompió. La primera herida es la más profunda. Después de aquello, me mantuve en terreno seguro. A decir verdad, sigo moviéndome en terreno seguro, lo cual ha producido a Stasi bastante daño y confusión.

Finalmente están aquellos de nosotros que tuvieron experiencias sexuales antes del matrimonio. No he encontrado ni un hombre que haya sacado nada bueno de eso. Seguro que recuerda *Antwone Fischer*, cuando acusan al joven marinero de ser homosexual porque no quiere ir acostándose con cualquiera como hacen los demás. La razón por la que él tiene miedo de estar con una mujer es porque sufrió abusos sexuales en su niñez. Eso produce una terrible ambigüedad en el corazón del amante. Lo mismo ocurre con la experimentación sexual precoz. Durante años fui un enamorado frío hacia Stasi, y eso le hacía daño. Incluso en nuestra noche de bodas se preguntaba: *¿Por qué no me quiere con pasión?* Eso introdujo una intensa lucha que nos costó años sanar. La cautela tenía sus raíces. Mi primera experiencia sexual fue con una chica en el instituto, y ella dijo «Esto lo arruinará todo». Las cosas no fueron bien. ¿Qué aprende de esto el corazón de un joven enamorado?

Muchos hombres que quisieran despertar como enamorado se sienten estancados, sus corazones se quedaron clavados hace mucho tiempo por alguna angustia de corazón. Por eso es bueno orar:

> Padre, Dios, despierta al enamorado en mí. Sacude mi corazón. Enamórame. Llévame de regreso a la historia de amor de mi vida y muéstrame dónde me di por vencido. Enséñame dónde preferí la seguridad por encima y en detrimento de mi despertar. Muéstrame de qué tengo que arrepentirme. Sana el corazón de enamorado en mí. Despiértame.

Cómo hacer que surja el enamorado

Como ya expliqué antes, el enamorado emerge en torno a la época del guerrero, las etapas se solapan, y permítame añadir que permanece hasta el final de la vida de un hombre, porque el rey debe ser un enamorado, como debe también ser un guerrero, y el sabio es un enamorado después de haber cedido la lucha de las batallas a los más jóvenes. De modo que lo que estamos cultivando aquí es algo que crecerá durante toda su vida. Estamos abriendo una puerta que no debe cerrarse jamás. Y, de nuevo, antes de hablar de amar a una mujer, volvamos primero al romance con Dios.

¿Cómo le ha estado cortejando a usted? ¿Qué ha hecho latir su corazón a lo largo de los años? Ya le he contado del mosaico en el arroyo y del corazón de piedra. Dios me ha estado regalando corazones durante mucho, mucho tiempo. Es uno de nuestros detalles íntimos. Me dio otra piedra con forma de corazón ayer, como recordatorio. Y cuando estaba orando esta mañana temprano, miré por la ventana y vi ante mí una nube con forma de corazón. Dios tiene muchos regalos como ese para usted, *concretamente* para usted, y ahora que tiene que cuidar esta etapa del enamorado, ahora que tiene ojos que busquen el Romance, también empezará a verlas.

No podemos controlar lo que el Creador de Romances está tramando, pero hay una *posición* que debemos asumir. Hay una apertura a esta etapa que nos capacitará para reconocer y recibir el cortejo. Así que déjeme preguntarle: ¿está usted dispuesto a desistir de su insistencia por controlar, es decir, a permitir que su vida exista más allá del reino del análisis, dejar que algunas partes de su vida no sean prácticas, cesar de evaluar todas las cosas en función de su utilidad? Vayamos más cerca del corazón: ¿Está usted dispuesto a dejar que la pasión se levante en usted, pese a que seguramente le pondrá nervioso? ¿A permitir la sanidad de alguna de sus más profundas heridas? ¿A que la Belleza le atraviese con su estoque? ¿Está usted dispuesto en alguna medida a quedar deshecho?

Si es así, procedamos.

Para entrar en el Romance hemos de disminuir la velocidad, o lo pasaremos por alto. Desconecte las noticias y ponga algo de música. Dé un paseo. Póngase a pintar, escribir o leer poesía. Mejor aún, ¿qué es lo que *le* agitaba el corazón a lo largo de los años? *Vaya y recupérelo.*

Es duro, sobre todo para los hombres que están ahí conquistando el mundo. Pero recuerde: lo que el maligno puede hacerle a un buen guerrero si no puede derrotarlo en la batalla es enterrarlo bajo batallas. Dejarlo cubierto con más y más batallas. Pero la vida *no* consiste totalmente en batallas. El romance siempre es algo central. Escuche de nuevo a David:

> Aun cuando un ejército me asedie,
> no temerá mi *corazón;
> aun cuando una guerra estalle contra mí,
> yo mantendré la confianza.
> Una sola cosa le pido al SEÑOR,
> y es lo único que persigo:
> habitar en la casa del SEÑOR
> todos los días de mi vida,
> para contemplar la hermosura del SEÑOR
> y recrearme en su templo. (Salmos 27.3, 4)

Él conoce la lucha, sabe lo que es tener a Dios dispuesto a ayudarle. No tiene miedo, está confiado como un ducho guerrero. Pero no hace de la batalla el deseo de su corazón. Lo que él *procura* no es la batalla: es el romance con Dios. «Contemplar la hermosura del Señor» He estado últimamente disfrutando algunas canciones de adoración que me ayudan a conmoverme: «Beauty of the Lord» [La belleza del Señor] de Jared Anderson, y «Beautiful One» [El

Hermoso] de Tim Hughes. Porque hemos de recordar: La batalla es para el Romance. Luchamos por la libertad y la sanidad que nos permitan tener y disfrutar la intimidad con Dios para la que fuimos creados. Para beber de su «río de deleites».

Mi amigo David me preguntaba el otro día sobre cómo se encuentra la belleza de Dios. Dijo: «Creo que veo a Dios como masculino, y creo que eso me perjudica. Es decir, no encuentro en él misericordia, ni ternura. Ni belleza». Mi amigo ha vivido una vida dirigida, como muchos de nosotros. Ahora está sintiendo el vacío. Si un hombre no halla su vida en Dios, llegará a ser alguien muy sediento, y los hombres sedientos son famosos por haber hecho algunas estupideces considerables. Recuerde el descubrimiento de Buechner sobre la chica de Bermudas: «Toda la belleza que yo había anhelado tanto tiempo era anhelo por ella». Oh, qué importante es entender esto, que hay una belleza que anhelamos y que nos llama *a través* de la belleza de la mujer que nos ha encandilado. Ella no es la Belleza, solo una mensajera. Si alguna vez buscamos más, será un intento vano encontrarla en ella, y nos causará a nosotros y a la mujer un importante dolor.

Cuando David dice «tu amor es mejor que la vida» (Salmos 63.3) se está refiriendo a buscar la Belleza en Dios, comenzar a experimentar en Dios aquello que Eva predecía en sí misma al ser enviada.

Sanar el corazón del enamorado

Los últimos quince años han sido una historia de sanidad, arrepentimiento, santificación y fortalecimiento del corazón de enamorado en mí. Quería ser fuerte para Stasi, ser emprendedor sin miedo, poseer mi corazón al completo para entregárselo a ella. Pero me sentía —no sé cómo describirlo— inseguro en cuanto a ella, a veces vacilante, y hasta temeroso en ocasiones. En un nivel emocional, comencé a darme cuenta de que había partes de mi corazón que había perdido o dejado atrás cuando las chicas que yo amé rompieron conmigo, y necesitaba tener mi corazón a salvo. La pasada primavera estaba en un viaje ministerial cuando todo surgió de nuevo y me sentí muy vulnerable ante las mujeres bonitas que había a mi alrededor. No era por el sexo, quede claro, sino por alguna parte de mi corazón que estaba rota y clamaba por una medicina.

Dios lo hará. Pondrá en su camino a una mujer que hable a sus anhelos, a sus heridas, incluso a sus temores, para plantear el asunto: así que él puede sanar. Esto no se puede lograr en abstracto. Tiene que involucrar esos puntos de sus corazones y sus almas que tengan una herida, o que se hayan rendido. Parece peligroso, y lo es, pero se necesita la cirugía, y mientras un hombre no obtenga esta sanidad será cada vez más vulnerable a una caída. De modo que Dios hará lo necesario para sacar sus corazones a la superficie. Recuerde la mujer del hotel —la que se parecía a la chica de la que me enamoré en secundaria—, él hará algo así para llegar hasta el corazón enterrado.

Sí, ya lo sé: la belleza es algo peligroso. Sobre todo *La* Belleza. Como advirtió Dostoyevsky: «La Belleza es tan misteriosa como terrible. Dios y el diablo están luchando en ella, y el campo de batalla es el corazón del hombre». Probablemente usa la palabra «hombre» para referirse a la *humanidad*, pero usted y yo sabemos que hay algo en el alma de un hombre, varón, que lo hace profundamente vulnerable a La Belleza. Todo hombre lo sabe, conoce el sobrecogedor encanto de una figura de mujer. Puedo estar hojeando una revista de aventureros y ¡toma!, aparece una belleza que remueve algo en mi corazón. La palabra «vulnerable» no lo describe bien. Se expresaría mejor diciendo «incapaz» o «impotente».

A lo largo de los años los hombres han tratado con esto básicamente de una o dos maneras: rendición o disciplina. La rendición puede ser sutil, como cuando la dejamos quedarse dentro, cuando nos permitimos distraernos con ella a sabiendas de que no es nuestra. Mantener la mirada en ella le abre nuestros corazones. Puede ser algo obvio, como cuando alguien se masturba ante una foto o una película, o se mete en un lío amoroso. El daño es terrible, por lo que muchos hombres eligen la disciplina. Se obligan a apartar la mirada, se ocupan con otras cosas, lo combaten encarnizadamente. Eso es *sin duda* mejor que la rendición. José huyó corriendo de la esposa de Potifar, y con ello hizo lo correcto. Pero disciplina sin sanidad no funciona de manera realista con el paso del tiempo, y puede causar un gran daño a nuestros corazones, a los cuales empezamos a considerar enemigos. Así, hacemos lo que podemos por aniquilar nuestros corazones para evitar el desastre.

Hay otro camino. El camino de la santidad y la sanidad, que implica lo que hacemos *en ese preciso instante* cuando nuestros corazones están convulsos por una Belleza. Dios y el diablo estaban librando una batalla sobre mi corazón en ese viaje que acabo de mencionar y esto es lo que escribí en mi diario:

> Oh Dios misericordioso, ven a mí a este lugar, justo a este lugar de mi corazón. Te lo entrego a ti. Te elijo a ti antes que a Eva. Elijo

> tu amor, tu amistad y tu belleza. Te entrego a ti mi doliente, anhelante y vulnerable corazón. Ven y sáname. Santifícame. Hazme íntegro y santo en este mismo lugar.

Oré sin cesar, día y noche. Íntegro y santo. Eso es lo que necesitamos. En lo que se refiere a los enredos emocionales, sería bueno que se preguntara: «¿Cuál de mis novias rompió mi corazón?». Y «¿Qué he hecho al respecto?». Pasé algún tiempo escribiendo en mi diario sobre esto, mirando atrás. Incluso busqué el anuario escolar de Stasi (íbamos a la misma escuela) para ver de nuevo lo que Debbie había escrito, para ver su cara y así acceder a esa parte de mi corazón y, en ese momento, de pie en el sótano, le pedí a Cristo que me diera sanidad. Algunos de ustedes permanecen todavía ligados emocionalmente a una mujer que conocieron años atrás. Tienen que dejarla ir, junto con todas las fotos, cartas y recuerdos que aún conserven. A algunos de ustedes puede serle útil un consejero. Pero cuando la deje ir no lo haga con cinismo ni resignación. Entregue a Dios ese lugar dañado de su corazón, pídale que le traiga sanidad y santidad.

Y luego están las cuestiones sexuales, la santidad que necesitamos en lo profundo de nuestra sexualidad. Regresé hasta ellos y, uno a uno, confesé a Dios todos mis pecados que tenían que ver con chicas a lo largo de los años: la forma en que las manipulé, la intimidad sexual que no me correspondía tener. A veces hemos de ser muy concretos para hallar la limpieza y alivio que anhelamos, regresando y renunciando a cada hecho en particular, pidiendo que la sangre de Cristo limpie nuestro pecado, que nuestra sexualidad sea algo santo. Ponemos la cruz de Cristo entre nosotros y cada mujer con la que hayamos tenido alguna relación emocional o sexual (lea Gálatas 6.14). Eso incluye asuntos relacionados con la Internet, con la pornografía y con cada uso indebido de su sexualidad. Y, hermanos, si se encuentra usted en una relación física o emocional con una mujer que no es su esposa en este momento, debe alejarse. Aléjese. Nada de evasivas ni excusas. Usted no va a encontrar sanidad, santidad ni fuerza hasta que lo haga.

Durante una temporada encontré que también necesitaba orar antes de que Stasi y yo hiciéramos el amor, pidiéndole a Cristo que santificara nuestro lecho y sanara el corazón de ambos en lo sexual. A veces oraba solo y otras veces con Stasi. Eso hacía una enorme diferencia.

Y luego viene ese «momento en la vida», cuando una hermosa mujer cruza ante nosotros en persona o en algún tipo de imagen, y nuestros corazones se agitan. La manera como tratemos este momento es crucial. No nos rendimos, no aniquilamos el deseo. Dedicamos ese preciso lugar a Cristo. Ese lugar de nuestro corazón, justo ahí, justo entonces, se lo damos a Jesús. Despertados ante una belleza, entregamos esa parte de nuestros corazones a Dios. Eso nos tomará algún tiempo, y muchas repeticiones. Antes se lo hemos dedicado muchas veces a la mujer, hay mucha recuperación pendiente. ¿Otra vez? Sí, otra vez y otra y otra. Así es como somos sanados, hechos íntegros, santos y fuertes.

Por último, debemos abrir nuestros corazones a todas las otras formas en que Dios está trayendo la belleza a nuestras vidas. La belleza de un jardín de flores, de la luna reflejada en el agua, la belleza de la música o de una palabra escrita. Nuestras almas desean ardientemente la Belleza, y si no la encontramos nos quedamos famélicos. A menudo tenemos que entender la Belleza si no queremos que una belleza nos elimine.

Aprender a ser amado y aprender a amar, aprender a ser cortejado y aprender a cortejar: de eso trata esta etapa. No de obligación. No de mera disciplina. Sino de un despertar de nuestros corazones a la Belleza y el Amor de Dios, y al mismo tiempo (no podemos esperar a más tarde) ofrecemos también nuestros corazones: a Dios, a la mujer de nuestra vida, a nuestros hijos e hijas, a los demás. Es una historia de amor, después de todo. Como dijo William Blake: «Y se nos coloca en un pequeño espacio terrenal / Para aprender a transmitir los rayos del amor». O, en palabras de Pablo: «Por tanto, imiten a Dios, como hijos muy amados, y lleven una vida de amor, así como Cristo nos amó y se entregó por nosotros como ofrenda y sacrificio fragante para Dios» (Efesios 5.1, 2). Él es un gran Creador de Romances y usted también lo será.

> Padre, tengo mucho que aprender en esto. Enséñame a ser un enamorado. Abre los ojos de mi corazón a todas las formas en que has estado cortejándome. Recuérdame qué es lo que despertó mi corazón cuando era joven. Muéstrame cómo estás cortejándome ahora mismo. Te entrego mi corazón. Sana al enamorado herido que hay en mí. Perdona todos mis pecados y fracasos en esto. Ven y guíame a un profundo arrepentimiento y restauración. Enséñame a amar con un corazón íntegro.

7 EL REY

Los cielos le pertenecen al SEÑOR,
pero a la humanidad le ha dado la tierra

—SALMOS 115.16

DIBUJE EN SU MENTE LA IMAGEN DE UN GRAN GUERRERO, un renombrado campeón, regresando a casa de tierras lejanas. Su fama le precede de largo, y la fama de sus proezas son confirmadas por sus cicatrices, recuerdos de heridas más nobles que cualquier símbolo de honor. Se desplaza con dignidad por la carretera principal de la ciudad, seguido por las miradas de su pueblo, las mismas personas por las que ha luchado valientemente, cuya libertad ha protegido. El guerrero ha regresado después de años en el campo de batalla, volviendo solo cuando ha conseguido el triunfo, ni un momento antes. Es su bienvenida a casa y regresa como héroe conquistador. La escena es un regreso y una coronación. Porque el padre-rey va a pasar el reino a su hijo.

> ¿Quién es este que viene de Edom,
> desde Bosra, vestido de púrpura?
> ¿Quién es este de espléndido ropaje,
> que avanza con fuerza arrolladora?
> «Soy yo, el que habla con justicia,
> el que tiene poder para salvar». (Isaías 63.1)

> Después de llevar a cabo la purificación de los pecados, se sentó a la derecha de la Majestad en las alturas [...] Pero con respecto al Hijo dice: «Tu trono, oh Dios, permanece por los siglos de los siglos». (Hebreos 1.3, 8)

Podría tratarse de un pasaje de la vida de David, porque él llegó al trono después de probarse a sí mismo como guerrero. Pero me estoy refiriendo a Jesús, por supuesto, y aunque todo esto es cierto —bíblica e históricamente— temo que se nos pase el poder que hay en esto. Pocos de nosotros han vivido en un reino, con un rey. Menos aún han conocido a un monarca. La escena de la coronación de Aragorn en *El retorno del rey* puede ayudarnos a imaginar cómo es un gran rey:

> Y cuando el sol despuntó sobre las montañas del este, ya no más envueltas en sombras, todas las campanas repicaron al unísono, y todos los estandartes se desplegaron y flamearon al viento [...] Los Capitanes del Oeste condujeron entonces el ejército hacia la ciudad, y la gente los veía pasar, fila tras fila, como plata rutilante a la luz del amanecer [...] y a ambos lados de la Puerta se había congregado una gran multitud ataviada con ropajes multicolores y adornada con guirnaldas de flores.

Ante las murallas de Minas Tirith quedaba pues un ancho espacio abierto, flanqueado en todos los costados por los caballeros y los soldados de Góndor y de Rohan, y por la gente de la ciudad y de todos los confines del país. Hubo un silencio en la multitud cuando de entre las huestes se adelantaron los Dúnedain, de gris y plata; y al frente de ellos avanzó lentamente el Señor Aragorn. Vestía cota de malla negra, cinturón de plata y un largo manto blanquísimo sujeto al cuello por una gema verde que centelleaba desde lejos; pero llevaba la cabeza descubierta, salvo una estrella en la frente sujeta por una fina banda de plata.

[...] Entonces Frodo se adelantó y tomó la corona de manos de Faramir y se la llevó a Gandalf; y Aragorn se arrodilló en el suelo y Gandalf le puso en la cabeza la Corona Blanca, y dijo:

—¡En este instante se inician los días del Rey, y ojalá sean venturosos mientras perduren los tronos de los Valar!

Y cuando Aragorn volvió a levantarse, todos lo contemplaron en profundo silencio, porque era como si se revelara ante ellos por primera vez. Alto como los Reyes de los Mares de la antigüedad, se alzaba por encima de todos los de alrededor; entrado en años parecía, y al mismo tiempo en la flor de la virilidad; y la frente era asiento de sabiduría, y las manos fuertes tenían el poder de curar; y estaba envuelto en una luz.

Jesús vivió los días de su juventud como el Hijo Amado, seguro en el amor de su padre. Maduró como joven trabajando en la carpintería y gracias a su tiempo en el desierto. Y después fue a la guerra y fue el gran Guerrero que rescató a su pueblo del reino de las tinieblas, derrotó al príncipe de la oscuridad y liberó a los cautivos. Como enamorado, cortejó y se ganó los corazones de quienes conforman su esposa. Y ahora es el Rey. Así es la progresión de su vida como hombre, y así es la nuestra.

Nacido para gobernar

Llegamos a lo que es, en cierto sentido, la meta de la travesía masculina, la madurez por la cual Dios ha estado acompañando como padre al hombre desde su primer suspiro, para ser un rey. Para ejercer poder, influencia y dominio en su nombre. Es una tarea tan grande y noble como difícil, la historia lo deja muy claro. La razón que hay tras muchas de nuestras miserias sobre la tierra en estos días es que hemos perdido a nuestros reyes. Sí, encontramos hombres en puestos de poder, pero no son verdaderos reyes. No han llegado al trono a través de la iniciación, ni tienen el corazón de un rey. Cuando llega a rey un hombre que no da la talla, está en una situación peligrosa. Esto ha provocado la ruina de muchos reinos: hogares, iglesias, ministerios, negocios, naciones.

Pablo dice que toda la creación gime aguardando la manifestación de los hijos de Dios (véase Romanos 8.19-21). Porque se espera de nosotros que gobernemos la tierra, y este mundo está en una especie de angustia en espera de que nosotros, los hijos de Dios, lleguemos a ser aquello para lo que fuimos creados y, al serlo, podamos reinar sobre la tierra en bienaventuranza. Tenemos que recuperar el rey en cada hombre. Este es el papel para el que el hombre fue creado. El primer hombre, Adán, recibió la tierra como lugar donde ejercer su dominio (véase Génesis 1.28) y tenía que ser el principio de una saga de reyes: «Los cielos le pertenecen al Señor, pero a la humanidad le ha dado la tierra» (Salmos 115.16). Pero Adán fracasó, abdicó del trono con su pecado, por lo que fue enviado otro Hombre para restaurar la dinastía. Jesús también nació Rey y destinado a reinar, como el ángel dijo a María: «Él será un gran hombre, y lo llamarán Hijo del Altísimo. Dios el Señor le dará el trono de su padre David, y reinará sobre el pueblo de Jacob para siempre. Su reinado no tendrá fin» (Lucas 1.32, 33). Y donde fracasó Adán triunfo Jesús. Ahora es él el que gobierna el cielo y la tierra. El Hijo de Dios, que reina desde el trono de su Padre.

Usted, hermano mío, pertenece a esta noble dinastía. Es un redimido hijo de Adán, ahora es hijo de Dios (1 Juan 3.1, 2). Usted nació para reinar *y fue redimido para reinar*. Destinado a convertirse en un Rey. «No tengan miedo, mi rebaño pequeño, porque es la buena voluntad del Padre darles el reino [...] Por eso, yo mismo les concedo un reino, así como mi Padre me lo concedió a mí» (Lucas 12.32; 22.29). Jesús redime a sus hermanos para compartir su trono y así gobiernen en su nombre.

Considere la parábola de las minas, por poner un ejemplo. Un rey sale para recibir un reino. Comisiona a algunos siervos para que cuiden de su hacienda mientras está fuera. Cuando regresa, recompensa a los que han gobernado bien en su ausencia, dándoles mayor autoridad: «Te doy el gobierno de diez ciudades» (Lucas 19.17). Este es también el mensaje de la parábola de las ovejas y las cabras. Las ovejas son los fieles y su recompensa es un reino para ellos. «Entonces dirá el Rey a los que estén a su derecha: "Vengan ustedes, a quienes mi Padre ha bendecido; reciban su herencia, el reino preparado para ustedes desde la creación del mundo"» (Mateo 25.34). Llegará el día en que el reino de Dios aparecerá en toda su plenitud, cuando recibiremos nuestros propios reinos. Gobernaremos, porque para ello fuimos creados.

Mientras tanto, Dios nos está entrenando para hacer aquello para lo que fuimos creados. Todo hombre es un rey, porque todo hombre tiene incluso ahora una especie de reino. Hay algún aspecto de este mundo, por pequeño que sea, que está bajo su mando. Y, conforme crecemos en carácter y fuerza, en sabiduría y humildad, Dios tiende a aumentar nuestros reinos. Él *quiere* confiarnos su reino.

El corazón de un rey

El gran problema de la tierra y el gran objetivo de la travesía masculina se resumen en esto: ¿Cuándo se le puede confiar poder a un hombre? Recuerdo que Dallas Willard dijo en una ocasión que él cree que la historia de Dios y el hombre que aparece en la Biblia es la historia de cómo Dios quiere delegar poder en los hombres y estos no son capaces de gestionarlo. Esto fue evidente en Adán y se ha revelado como cierto en la mayoría de sus descendientes. Los anales de los reyes son, en su mayor parte, un triste registro. Moisés, David, Carlomagno, Lincoln, son hombres que no abundan. Mi sincera esperanza es que en la medida en que adoptemos el viaje masculino, nos sometamos a sus lecciones, volvamos a aprender cómo es la iniciación de los varones, estaremos trayendo una vez más buenos reyes.

Pero antes de que un hombre esté preparado para manejar el poder, su carácter deberá forjarse. Se puede decir que toda la iniciación masculina está diseñada para preparar al hombre para manejar el poder. Volvamos a los pensamientos de MacDonald acerca de lo que Dios persigue al llevar a sus hijos hacia la plena adopción o filiación. Considere esto a la luz de un hombre, actuando como rey:

> Quiere compartir con ellos su ser y naturaleza: fuerte donde se requiere fuerza; tierno y amable como él es tierno y amable; airado cómo y dónde él siente ira. Incluso en los menores asuntos del poder, les capacitará para hacer lo que sea como lo haría en la tierra su Hijo Jesús, cuya vida era la del hombre perfecto, cuyas obras eran las de la perfecta humanidad [...] cuando llegamos a pensar con él, cuando la mente del hijo es como la mente del padre, la acción del hijo es la misma que la del padre, entonces es el hijo *del* padre, entonces somos los hijos de Dios. Sus hijos no son hijos reales, genuinos [...] hasta que piensan como él, sienten como él, juzgan como él, le tienen a él en el hogar y están sin miedo ante él porque quieren decir lo mismo, aman las mismas cosas, procuran los mismos fines. (*Unspoken Sermons*)

Es una hermosa obra, quizás la más hermosa de todas, la que Dios tiene entre manos en el hombre. Y cuando esto ha echado raíces profundas en la vida de un hombre, cuando va bien en su camino hacia todo lo que MacDonald califica de verdadero en los dominios de su propia vida —claro que siempre tendrá más para rendir a él—, cuando esto es mayormente cierto en un hombre, entonces está preparado para convertirse en rey.

Es un asunto del *corazón*, queridos hermanos. Hay muchos *cargos* con los que un hombre puede cumplir como rey —padre de familia, director de un departamento, pastor de una iglesia, entrenador de un equipo, primer ministro de un país— pero siempre se requiere el mismo *corazón*. «En las manos del Señor el corazón del rey es como un río: sigue el curso que el Señor le ha trazado» (Proverbios 21.1). Este pasaje se usa a menudo para explicar la soberanía de Dios, como prueba de que él puede hacer con un hombre lo que le plazca. Sin duda, Dios es soberano. Pero no creo que sea este el espíritu del pasaje. Dios rara vez obliga a un hombre a hacer algo contra su voluntad, porque prefiere claramente que no tenga que hacer, sino que *quiera* hacer la voluntad de Dios. «... elijan ustedes mismos a quiénes van a servir» (Josué 24.15). Lo que Dios busca es un hombre que esté de tal manera *rendido* a él, de tal manera entregado, que su corazón sea fácil de mover por el Espíritu de Dios hacia los propósitos divinos.

El tipo de corazón que contribuye a ser un buen rey.

La mayoría de hombres que conozco en algún puesto de poder e influencia no son lo bastante santos como para gestionar ni siquiera lo que tienen, y están haciendo daño ahora mismo. Operan motivados por su preparación para los negocios y por los «principios de liderazgo», funcionan movidos en gran parte por su propia desazón, pero no tienen costumbre de un encuentro regular con Dios, ni de someterse a él, ni de vivir como un hombre que entrega sus planes a Dios.

Fíjese cómo Moisés dirige a Israel fuera de la esclavitud y los guía a la tierra prometida. Note cómo cada capítulo que narra la historia del Éxodo comienza, desde el capítulo 6 al 14: «Entonces el SEÑOR habló con Moisés...», y el resto del capítulo vemos a Moisés haciendo lo que Dios le ha mandado. ¿Es así como llevan sus empresas, iglesias o familias los hombres que usted conoce? Me sorprende la escasa guía diaria que los varones cristianos buscan en Dios. Tienen una buena idea y la llevan a cabo, sin más. Así no es con los grandes reyes. Contemple a David. «Pasado algún tiempo, David consultó al Señor: ¿Debo ir a alguna de las ciudades de Judá? Sí, debes ir, le respondió el Señor. ¿Y a qué ciudad quieres que vaya? A Hebrón. Así que David fue...» (2 Samuel 2.1, 2). En su corazón, y en su práctica diaria, David era un hombre rendido ante Dios. Se le llama, me permito recordárselo, el hombre conforme al corazón de Dios. Aprender a caminar en este nivel de intimidad es una parte importante de nuestra iniciación, pero comienza con un corazón rendido a él.

Más allá de toda duda, así es como vivió Jesús. «Yo no he hablado por mi propia cuenta; el Padre que me envió me ordenó qué decir y cómo decirlo. Y sé muy bien que su mandato es vida eterna. Así que todo lo que digo es lo que el Padre me ha ordenado decir» (Juan 12.49, 50). Jesús podría haber impuesto su propia voluntad; está claro que tenía poder para hacerlo, y no le faltaban facultades para ello, incluso nos atreveríamos a añadir que contaba con la confianza para hacerlo. Pero no, él se sometió al Padre en todas las cosas. Sin importar la edad, posición o capacidades naturales, un hombre está preparado para convertirse en rey solo cuando su corazón está en el lugar correcto. Es decir, *rendido a Dios.*

Por el bien de los demás

Cuando los justos prosperan, el pueblo se alegra;
cuando los impíos gobiernan, el pueblo gime.
Proverbios 29.2

Regresemos una vez más a *El reino de los cielos*, a la iniciación de Balian. Siguiendo las instrucciones de su padre, Balian llega a Jerusalén y se presenta ante el rey Balduino, quien a su vez envía al joven a proteger el Camino de los Peregrinos que conduce a la Ciudad Santa. «Todos son bienvenidos en Jerusalén, no solo por conveniencia sino por justicia». Balian se marcha con sus hombres a la hacienda que su padre tenía por allí: un pequeño asentamiento de granjas en torno a un castillo, como muchas aldeas medievales. Es la única en medio del desierto, con más polvo que otra cosa. Balian empieza a convertir el lugar en un refugio permanente. Se necesita agua, de modo que pone a sus hombres a cavar pozos y a construir acueductos. Sibila se detiene allí en una visita y, cuando lo ve en los campos con sus obreros, arremangados, le pregunta: «¿Van a construir algo como Jerusalén?».

Precioso. Así es. Eso es lo que hace un buen rey: usa todo lo que tiene para hacer que su reino se parezca al reino de los cielos por causa de las personas que viven en sus dominios.

Me encantan las escenas misioneras de la película *La misión*, la historia de un joven jesuita español que lleva su religión a las tribus indígenas de Suramérica, rescatándolas de los traficantes de esclavos portugueses. Las misiones que crearon en la selva se convierten en avanzadas de la vida y la libertad, como pequeños reinos del cielo donde los nativos prosperan, crean telares de algodón, escuelas y una academia de música. Entran en una especie de edad dorada para las tribus, dispuestos a arriesgar su vida para servir a los débiles y vulnerables.

O considere la escena de la película *Tiempos de gloria*, que trata de un regimiento de soldados de la Unión, todos negros, liderados por un oficial blanco. Sus tropas necesitan calzado, y las botas están «desapareciendo», intencionadamente, en las oficinas del mezquino tirano que gestiona los suministros. Este hombre es el clásico retrato del rey que usa su pequeña autoridad para apropiarse de algo de comodidad para sí, cometiendo incluso pillaje en las granjas locales para acumular bienes en su almacén. El joven capitán toma una escuadra de sus mejores soldados, se dirige a la oficina del dictadorzuelo, actúa como un guerrero, pone al presuntuoso en su sitio y regresa al campo con una carga completa de botas. Y sus hombres empiezan a confiar en él.

Ahí tenemos a Jean Val Jean, el criminal rescatado por el atrevido amor de un sacerdote en *Los miserables*. Este llega a ser un gran hombre, un rey, de hecho es el alcalde de la ciudad y propietario de la fábrica de tejas. Usa su empresa para proporcionar un santuario a las jóvenes solteras, sacándolas de la calle para trabajar en su factoría. Al darles empleo, obra como ese «roble de justicia» descrito en Isaías 61, y bajo su fortaleza los vulnerables encuentran refugio.

«Con esto David se dio cuenta de que el Señor, por amor a su pueblo, lo había establecido a él como rey sobre Israel y había engrandecido su reino» (2 Samuel 5.12). Por amor a su pueblo. Por eso Dios da un reino al hombre. Recibimos poder, recursos e influencia *para beneficio de otros.*

La prueba de un rey

Demasiados hombres, al llegar a este punto de su viaje —o más bien, encontrándose en la posición de reyes incluso *sin* haber realizado la travesía masculina— aprovechan la oportunidad para hacer el bien... *a ellos mismos*. El típico hombre de cuarenta o cincuenta y tantos accede a un poco de poder e influencia, a un poco de dinero discrecional, y lo emplea en hacer su vida más confortable. Se compra un sofá y un televisor de pantalla gigante. Sale a comer fuera, ingresa en el club de campo, se toma unas vacaciones más caras. Si tiene que trabajar, lo hace, pero el propósito de su labor solo es acumular ahorros para poder permitirse una vida de ocio. ¿No es así?

Cuando uno entra en los cuarenta o los cincuenta parece que siente tener unos derechos. Ha trabajado duro para llegar hasta aquí y algo en su interior le dice: *Oye, he cumplido mi parte. Ahora me toca pasarlo bien un poco*. «Descansa, come, bebe y goza de la vida» (Lucas 12.19). Pienso en el pastor que no dejaba de presionar a su congregación para que sacrificara más todavía para la campaña de construcción de la iglesia, mientras él fue y se compró un nuevo Mercedes. O en un empresario que conozco, quien, habiendo levantado una próspera compañía, dejó la carga de sus crecientes tensiones sobre su gente mientras él se iba a comprar autos, casas de vacaciones. Para él, se trataba de comer, beber y gozar de la vida, pero para ellos era más trabajo y menos relajo. No es ese el objetivo para el que un hombre recibe poder y bienes.

> Jesús los llamó y les dijo: «Como ustedes saben, los gobernantes de las naciones oprimen a los súbditos, y los altos oficiales abusan de su autoridad. Pero entre ustedes no debe ser así. Al contrario, el que quiera hacerse grande entre ustedes deberá ser su servidor, y el que quiera ser el primero deberá ser esclavo de los demás; así

como el Hijo del hombre no vino para que le sirvan, sino para servir y para dar su vida en rescate por muchos». (Mateo 20.25–28)

Soy el primero en admitir que esta es la más reveladora de todas las grandes pruebas del reinado en mi propia experiencia. Creí que había descubierto que era egoísta cuando me casé. *¿No compra usted cosas simplemente porque las quiere? ¿No cree usted que una tienda de campaña es un excelente lugar para dormir?* Vivir con la compañía constante de otro ser humano cuya visión de la vida es diferente de la que usted ha estado cultivando durante años es algo revelador. Luego vienen los hijos, que llevan la revelación a un nuevo nivel. Yo no sabía lo importante que era dormir bien para mí, o lo valiosos que eran los momentos de silencio. Son tesoros de los que debe uno despedirse en cuanto llega la paternidad. Más aún, parece haber recursos internos disponibles para ayudar a un hombre a sacrificarse en lo referente a su familia, aunque puede que tenga que esforzarse bastante para encontrarlos a diario. Entonces llegué a rey o, al menos, a la etapa del rey, y descubrí lo pequeño que es el círculo que abarca la extensión natural de mi generosidad. Estos recursos internos parece que se desgastan cuando se usan para la gente en general.

Pero esta es la verdadera prueba de un rey. En resumidas cuentas, la prueba se basa en: *¿Cómo es la vida para las personas que están bajo su autoridad?*

Sí, es sencillo. ¿Qué aspecto tiene la vida de los que viven en su reino?

Mire a su esposa, ¿está cansada, tensa, descuidada? Y sus hijos ¿están progresando? ¿Cuánta energía emplea en la conducta de sus hijos en comparación con la que emplea para sus corazones y para encontrar cómo bendecirlos? Hable con las personas que trabajan con este rey, ¿sienten que están construyendo el reino de *él* o más bien que él le está sirviendo? ¿Están creciendo en sus propios talentos y capacidades, gozosos porque reciben sus cuidados o un lugar en el reino? Si este rey es un pastor, observe su congregación: ¿están disfrutando la genuina libertad y vida que Cristo prometió o tiene la iglesia un sistema implícito de temor, culpa y obras?

Cuando uno contempla la vida de los malos reyes —hombres como Saúl o Herodes, personajes como Denthor o Cómodo— el contraste se hace claro. Toda su vida gira en torno a ellos. El reino se mueve alrededor de su propia felicidad. Uno sabe que no se levantaban por las mañanas para preguntarse: «¿Qué bien puedo hacer hoy por los demás con el poder y la riqueza que poseo?». Pero esa es la pregunta que se hace un buen rey. Requiere una santidad que la mayoría ni siquiera desea.

Orden, protección y bendición

Un buen rey pone orden en el reino. Dios pone orden en el caos al principio de la creación y después pasa el proyecto a Adán para que gobierne igual. No como un tirano o un quisquilloso, sino ofreciendo su fuerza para poner orden en el reino. La razón por la que representamos a un rey en su trono es para transmitir orden, bienestar. El rey está en su trono y todo está bien el mundo. Hace años, cuando trabajaba en Washington D.C., el encargado de operaciones nunca acudía a las reuniones de personal. Ni una vez. Dejaba que su equipo luchara solo, cada uno por lo suyo, de manera que se organizaba un jaleo tremendo, cada uno intentando asegurar su propio territorio, defender sus proyectos o alcanzar algo de gloria. Cada cual para lo suyo. Eso es lo que sucede cuando un rey no quiere gobernar. De igual manera, un padre que abandona a su familia la arroja a un caos emocional y económico.

Un buen rey lucha también por la seguridad de su reino, combatiendo los asaltos externos y la sedición interna. Por eso es importante que antes sea un guerrero. Vea cómo el incansable David procura la seguridad de las fronteras de Israel:

> Pasado algún tiempo, David derrotó a los filisteos y los subyugó [...] También derrotó a los moabitas, [...] Además, David derrotó a Hadad Ezer, hijo del rey Rejob de Sobá [...] Luego, cuando los sirios de Damasco acudieron en auxilio de Hadad Ezer, rey de Sobá, David aniquiló a veintidós mil de ellos (2 Samuel 8.1–3, 5).

Piense en Churchill, indoblegable ante los nazis, y en los pacifistas de su propio gobierno que no querían apoyarle. O en Lincoln y sus implacables esfuerzos para preservar la Unión. Una familia que tiene un buen padre se siente protegida. En lo espiritual, emocional, económico y físico, él es quien trae paz y refugio a su familia.

Todo ello es para traer bendición a su pueblo. «De su plenitud todos hemos recibido gracia sobre gracia» (Juan 1.16). Nehemías descubre que su pueblo está siendo esquilmado por sus propios dirigentes, y exige que se les devuelva su grano, aceite y tierras. Incluso renuncia a quedarse con el botín que le corresponde por su posición. David insiste en que los despojos de los amalecitas se compartan entre todos, tanto los que lucharon como los que se quedaron vigilando el bagaje. Un buen rey quiere que su pueblo comparta en la prosperidad del reino. Los malos reyes se dedican a engordar sus rebosantes cuentas.

El costo de llegar a rey

Agustín lloró cuando fue nombrado obispo de Hipona, en el Norte de África. Aquellos de ustedes que han sido reyes lo entenderán. Hay un precio que el rey debe pagar, del que nadie más puede hacerse una idea.

Hace unos meses, nuestro equipo de Ransomed Heart sintió la necesidad de orar y ayunar, durante un período de tres días, por el ministerio. Independientemente de cuáles fueran las metas que tuviéramos para nuestra misión, Dios usó el tiempo a un nivel personal profundo. Para ser más sincero, el ayuno fue para mí un rescate. La segunda mañana encontré un espacio para simplemente escuchar y estar con Dios. Mi diario y mi Biblia estaban ante mí, pregunté: «¿Qué quieres decirme, Padre?». *Josías*, es lo que escuché. Pienso: *Josías... Josías. Caray, me suena, pero no puedo ubicarlo. ¿Es uno de los profetas menores?* Voy al final del Antiguo Testamento, buscando el libro de Josías. Una historia un poco bochornosa. No hay tal libro, de modo que no lo puedo encontrar. Abro una concordancia y busco Josías. Ahí está: Segundo Libro de los Reyes. Leo la historia de su vida.

Josías fue un destacado rey, y una destacada excepción, en los tristes anales de los reyes. Dirigió un período de importantes reformas espirituales y políticas en Judá. Me conmovió su valor, su integridad, la pureza de su vida. Imagine que se dice algo así de la vida de usted: «Ni antes ni después de Josías hubo otro rey que, como él, se volviera al Señor de todo corazón, con toda el alma y con todas sus fuerzas, siguiendo en todo la ley de Moisés» (2 Reyes 23.25). No hubo rey como él, nunca. Anoté la historia y medité en por qué Dios me había llevado ahí. «Sí, Señor. Es un buen hombre, alguien a quien admirar e imitar. Pero todavía no sé qué buscas. ¿Qué me estás diciendo?». Me vino una palabra en respuesta: *gobernar*.

Un largo y hondo suspiro salió de mí, de manera libre y espontánea, expresando alguna profunda reacción de mi interior. Despacio, me rasqué las cejas con la mano izquierda.

Yo sabía lo que eso significaba. Durante los meses anteriores —en el transcurso del verano— mi corazón se había estado distanciando del ministerio. Había necesitado un descanso de las presiones. Todos aquellos campos de minas de las relaciones, las tensiones casi siempre provocadas por lucha espiritual, aunque los participantes querían verlas como algo no espiritual sino humano, lo cual me hacía pasar horas desatando nudos gordianos que podrían deshacerse con cinco minutos de oración. Es la dificultad de dirigir para dar a otros un estrado y un punto de vista. Por encima de todo, la puesta a prueba del carácter de mi propio corazón, con el adversario acosa que te acosa, pisándome los talones para acusarme luego de orgullo, debilidad o cualquier otra cosa que pudiera abatirme.

Ustedes que son reyes lo entenderán. Mi corazón se había distanciado. Casi quería acabar con todo. La vida sería mucho mejor. *Gobernar*, dice. O sea, no debes abandonar el reino que te he entregado. Quiere decir, me parece, que hay algo más, algo importante, que se requiere de mí. Yo pensaba que ya había sacrificado bastante por el avance del reino. Ahora me pide que permanezca firme y, al hacerlo, me sacrifique más. Creo que a menos que haya esta intensa renuencia a ocupar el trono, el hombre no entiende el costo de lo que se le está pidiendo. Será usted puesto a prueba. En cada frente que se pueda imaginar.

> ¡Sobre el rey! ¡Que nuestras vidas, nuestras almas
> nuestras deudas, nuestras atentas esposas,
> nuestros hijos y nuestros pecados sean sobre el rey!
> Debemos cargar con todo…
> Oh dura condición,
> Que acompaña a la grandeza, sujeta al aliento
> De cualquier necio…
> ¡Qué infinito descanso del corazón
> le está vedado al rey y permitido a los sencillos! *(Enrique V)*

Usted no desea ser rey. Créame. No es algo codiciable. Solo el ignorante codicia un trono. Agustín no quería el cargo porque sabía lo que le iba a costar y se sentía profundamente inadecuado para la tarea. Él prefería una vida sencilla y tranquila. Pero aceptó la responsabilidad por el bien de los demás. Ser rey es algo que aceptamos únicamente como acto de obediencia. La postura del corazón de un hombre maduro es *no querer ocupar el trono, pero estar dispuesto a hacerlo por el bien de los demás.*

La herida del rey

El rey queda herido en los primeros años de un niño cuando nunca recibe un territorio para sí, cuando se viola su territorio o cuando dicho territorio es demasiado grande para él.

El niño necesita algún territorio al que pueda llamar suyo. ¿Suele elegir sus ropas? ¿Tiene ciertos juguetes especiales con los que no permite que otros jueguen? ¿Es, sobre todo, su habitación un pequeño reino sobre el que él tiene algo de dominio? Por supuesto, el padre espera que limpie su cuarto. Estoy hablando de elecciones como de qué color pintarlo o qué cuadros colgar en las paredes. Sus padres y hermanos ¿llaman antes de entrar? Puede que usted se pregunte: «Las cosas de gran importancia para mí cuando era pequeño, ¿tenía algún tipo de control sobre ellas?». ¿Cómo si no aprenderán a reinar? Si un niño tiene una madre o un padre dominante, aplasta al joven rey que hay en él. Jamás llegará a desarrollar su propia fuerza de voluntad y determinación. Porque el rey que hay en un chico también resulta herido cuando se violan sus límites. Como dice Bly:

> Cuando somos niños, nuestro estado de ánimo se ve fácilmente invadido y arrasado en la desbaratada familia por el estado de ánimo del padre o la madre, más poderoso, dominante y aterrador [...] Si un adulto golpea a un niño, o le mete a la fuerza la comida en la boca, no hay defensa posible, sucede. Si el adulto decide gritar y atravesar los límites del niño por la pura fuerza, sucede [...] cuando nuestros padres no respetan en absoluto nuestro territorio, su falta de respeto se presenta como la contundente prueba de nuestra falta de adecuación. (*Iron John*)

El abuso sexual estaría entre las peores infracciones de esos límites, porque el niño es invadido y no puede evitarlo. ¿Cómo va a desarrollar un sentido de soberanía sobre su vida, una confianza que pueda hacer valer su voluntad, proteger sus límites? El niño llega a acostumbrarse a que lo invadan, le exijan y lo usen.

Dije en el capítulo primero que un niño también resulta herido cuando se le convierte demasiado pronto en rey, como sucede frecuentemente cuando el padre abandona la familia. A veces el progenitor puede incluso decirle: «Ahora eres tú el hombre de la casa». Una carga terrible para un niño. Sus hombros ni siquiera tienen fuerza para ello y a la larga no podrán con ella. En ocasiones es la madre quien causa el daño, sin intención, al hacer que el niño se vea como compañero de ella, para ayudarla a navegar por la vida sin el marido. A veces es el niño quien se lo echa a los hombros. Eso ocurre cuando tiene un padre débil. Es terrible cuando hay cinco, o quince, o veinticinco en su mundo, para quienes es usted el más fuerte.

Los jóvenes reciben heridas de parte de reyes que los traicionan, y esa herida suele provocar que tengan resentimiento contra todos los reyes y contra el propio rol de rey. Tal vez por eso hay tantos jóvenes hoy que no quieren entrar en la etapa de rey y piensan que eso les hace más justos. También es frecuente convertir a los jóvenes en reyes demasiado pronto. El pastor principal se va y la iglesia nombra al joven pastor principal con veinticinco años. Las escuelas empresariales dan a los jóvenes la impresión de que un MBA los cualifica para ser un rey, también con veintitantos años. El joven apenas ha aprendido a ser un guerrero, puede que ni siquiera haya sido un *cowboy*.

¿Significa eso que un joven no puede ser rey? No. Josías tenía veintiséis años cuando comenzó sus reformas, y gobernó bien. Pero se puede decir que un joven no debería ser nombrado rey de un reino demasiado grande. Debe ser gerente antes de vicepresidente de la empresa, y solo después de esas etapas puede llegar a presidente. *Si* se encuentra en el papel de rey en plena juventud, *no* debe abandonar las otras etapas del viaje, porque necesitará todo lo que ellas tienen para enseñarle y para desarrollar en él. No está en la *estación* de ser rey, sino en la de ser guerrero y enamorado, y en dichas etapas debe vivir, fijándose en hombres mayores que le ayuden a cumplir con el *cargo* de rey.

Muchos de mis lectores serán hombres mayores que se encuentran con que son reyes y nunca han recibido la iniciación que necesitaban como *cowboys*, guerreros o enamorados. Sienten una debilidad en su interior, con problemas para alzarse como rey. Eso debería alertarles para regresar y emprender el viaje (hablo más de esto en el siguiente capítulo).

También se hiere a los reyes cuando ya son hombres, a veces la herida es el hecho de ser rey. Hay traición, como experimentó David con Absalón. Ocurre con demasiada frecuencia, el enemigo usa personas para intentar derribar el reino y la mayoría de ocasiones desmoralizan al rey. Escuche a Pablo: «En mi primera defensa, nadie me respaldó, sino que todos me abandonaron. Que no les sea tomado en cuenta» (2 Timoteo 4.16).

A veces se expulsa a un rey de su reino, como Saúl, y más tarde Absalón, a David. Puede verse forzado a retirarse antes de tiempo. En otros casos, un buen hombre sobradamente preparado para ser rey es pasado por alto en una promoción, y el trabajo acaba en manos de un hombre más joven. Puede estar seguro de que el enemigo hará lo que pueda para evitar que un hombre se alce como rey. Le tentará, desmoralizará y atacará, como hizo con Adán, Moisés, David y Jesús.

Sea lo que sea lo que ha menguado su corazón como rey, o en vías de serlo, no debe permitir que le venza. Usted ha nacido como rey y debe alzarse como tal. Hay un gran bien por hacer y mucha gente por rescatar. Estamos perdiendo nada menos que a los reyes de la tierra.

> Padre, te lo pido con cierta vacilación, pero tengo que pedírtelo, tengo que rogarte que vengas y me pongas en esta etapa, me inicies en ella, cuando sea el momento adecuado para mí. Muéstrame cómo ha sido herido el rey en mí en la niñez, en la juventud o en mi edad adulta. Enséñame dónde he obrado con debilidad, abdicando de mi autoridad. Muéstrame dónde he sido un tirano. Muéstrame también dónde he gobernado bien. Hazme ver qué tipo de vida experimentan los que están bajo mi gobierno y, por tu gracia, haz que llegue a ser un gran rey por el bien de los demás. Te entrego mi vida. Dame el corazón y el espíritu de un hombre rendido a ti. Acompáñame como Padre.

Cómo hacer que surja el rey

Adán recibió la tierra para sojuzgarla, pero cuando llegó la prueba, falló. No habló, no obró buscando el bien de Eva. Satanás estaba ahí, atacando a su esposa, amenazando el reino entero, y Adán no movió un dedo. Cayó por su *aquiescencia* o consentimiento de la situación, por su silencio y pasividad. Así es como Satanás se convirtió en «el príncipe de este mundo», como Jesús le llamó. Por eso dice Juan que «el mundo entero está bajo el control del maligno» (1 Juan 5.19). ¿Podría decirse que muchos hombres fracasan como reyes por abdicación, por una especie de pasividad? Se niegan a asumir su papel o a tomar las decisiones difíciles. No quieren guiar a su pueblo en la batalla. Buscan una vida cómoda.

El otro extremo, después de la caída de Adán, es la tiranía, los reyes como el faraón, Saúl y Herodes. Hombres que usan su poder para controlar y manipular. El pastor que no quiere compartir el púlpito con nadie. El presidente ejecutivo que no acepta ningún consejo. El padre que mantiene a su familia atemorizada. Si un hombre ha de ser un buen rey, hará bien en tener presentes estos dos extremos.

El hombre recibió la tierra, pero Satanás usurpó el trono, como hace Scar en *El rey león*, como hace Cómodo en *Gladiador*, como hace Absalón, quien se apoderó del trono de David. Jesús vino a reconquistar: a derrocar al usurpador, a romper las bases de su gobierno, que estaban basadas enteramente en el pecado del hombre. Mediante su absoluta obediencia a Dios y su muerte sacrificial, rompió de hecho toda reivindicación que Satanás pudiera hacer de los reinos de esta tierra (véase Colosenses 2.13-15). Ahora Jesús dice: «Se me ha dado toda autoridad en el cielo y en la tierra» (Mateo 28.18).

Y usted, hermano, ha recibido esa misma autoridad. «Y en unión con Cristo Jesús, Dios nos resucitó y nos hizo sentar con él en las regiones celestiales» (Efesios 2.6). Estar sentado con Cristo en las regiones celestes significa que participamos de su autoridad. Lo deja claro en Lucas 10.19: «Sí, les he dado autoridad a ustedes para... vencer todo el poder del enemigo». Aprender a vivir en esta autoridad, traer el reino de Dios a nuestros pequeños reinos terrenales, eso es lo que significa convertirse en un verdadero rey.

En la escena que describí anteriormente sobre *El reino de los cielos*, donde Balian recibe el juramento y la espada de caballero, su padre le confiere también su autoridad. Godofredo, Barón de Íbelin, está a punto de morir. Su acto final es quitarse un anillo y dárselo a Balian, un símbolo de su autoridad, que pasa ahora a sui hijo. Literalmente le está entregando el reino a su hijo. «Quedas nombrado caballero», le dice su padre a Balian, «y Barón de Íbelin».

Esto es, hermano mío, lo que le ha sucedido a usted por medio de la obra de Cristo. Deje que se lo repita, porque esta manera de entender el reino de Dios no se explica en toda su extensión en la iglesia. Adán (y todos sus hijos, incluido usted) recibió la tierra para gobernar. Nació rey. Abdicó de esa autoridad ante Satanás por su pecado y su caída. Pero Jesús llegó y lo reconquistó, y el Padre le dio su autoridad sobre la tierra. Jesús a su vez comparte esa autoridad con nosotros, nos da su autoridad, para gobernar en su nombre. Porque como él dijo: al Padre le ha placido darnos el reino (Lucas 12.32). El transcurso de la vida de un hombre llega al punto en que puede ser coronado rey en su experiencia, un punto en el que todo lo que Cristo nos ha concedido puede *descubrirse* en la vida del hombre.

Adoptado para el Reino

Había evitado demasiado tiempo la cuestión. Necesitábamos un nuevo auto. Stasi estaba conduciendo un Honda usado, el cual habíamos comprado a principios de los noventa. Entonces solo teníamos a Samuel, con su sillita, y ahora teníamos tres niños en el asiento trasero y todo iba demasiado estrecho. Hasta un viaje a la tienda de comestibles se convertía en un evento olímpico. Era como meter a tres boxeadores en una cabina telefónica. Lucha constante. Aparte de eso, el cuentakilómetros marcaba más de 150.000, perdía aceite y, bueno, que necesitábamos un auto nuevo.

Pero no lo tenía claro. No porque Stasi quisiera una van, lo cual me costó toda la bondad y generosidad disponible, sino porque algo me hacía sentir totalmente inepto para comprar un auto. Tenía treinta y cinco años y nunca había comprado un auto nuevo. Hasta ese momento, todos los autos que me había comprado eran de amigos. Ir yo solo al concesionario se me planteaba como una prueba a mi hombría y me sentía completamente intimidado. Pero sentí que Dios me pedía que lo hiciera, sabía que era un gesto de amor que podía hacer por ella y por la familia (un rey gobierna para los demás). Probamos algunos y luego Stasi me dejó solo para la negociación. Por dentro me sentía como un niño de diez años. El Padre me decía: *Aguanta, tú puedes*. Durante dos horas, que me parecieron dos días, aguanté el chaparrón, para salir después por el otro lado con una van como la que ella quería, del color que le gustaba y a un precio decente.

Llegó el momento de escribir el cheque y cerrar el trato y, una vez más, mi corazón necesitaba tranquilidad. *¿De veras que estoy haciendo lo correcto, Padre?* Pregunté. *Sí*. Así que extendí el cheque y sellamos el acuerdo. Le di a Stasi las llaves y, cuando subió, se dibujó una amplia sonrisa en su cara y en la de los tres pillos que estaban sentados espaciosamente atrás, agitando las manos. Oí cómo Dios me decía: *Bien hecho*.

Era como la voz del padre que nunca tuve. Sentí... como si algo de mí hubiera madurado.

En los capítulos sobre el guerrero he explicado que la forma más frecuente en que Dios enseña a un hombre a luchar es al ponerlo en una situación tras otra en las que debe pelear. Lo mismo se aplica en la época del rey: nuestro Padre le pondrá en situaciones en las que usted necesitará actuar con decisión y fuerza, en beneficio de otros. El corazón de rey que tenemos se forma y fortalece en esos momentos, sobre todo cuando se trata de decisiones que suponen sacrificio, en las que ponemos a los demás por delante de nosotros, y en esos momentos de decisiones firmes en las que adoptamos una postura difícil contra viento y marea.

Si se parece usted a la mayoría de hombres, en esos momentos se sentirá como si fuera demasiado para usted. Pero así es como se desarrolla la iniciación en nuestra vida diaria, así es como descubrimos que sí tenemos el corazón de un rey y *podemos* actuar como un rey. No de manera perfecta, ni en todo momento, pero sí de manera progresiva conforme se desarrolla en nosotros nuestra iniciación. Creo que todos sabemos que tales nobleza e integridad solo se pueden formar en un hombre por medio del Espíritu de Dios. La pregunta es: *¿Le dejaremos?*

Si yo tuviera que elegir una cualidad por encima de todas las demás para guiar a un hombre, para que pueda llegar a ser un buen rey, este secreto podría ser la amistad con Dios. Porque si la tiene, ella compensará cualesquiera otras deficiencias que pueda tener, y si *no* tiene esa amistad, no llegará a ser el rey que podría haber sido. Una de las grandes mentiras de la etapa del rey es la idea de que ahora ya debe saber lo suficiente para funcionar con sus propios recursos. No es cierto. Tendrá que enfrentarse a nuevos desafíos, muy grandes desafíos, y los riesgos son *mucho* más altos. Muchas vidas están en juego cuando usted es un rey.

Acompáñeme de regreso al pasaje de la epístola de Juan que describe los diferentes niveles de relación con Dios que viene con las diferentes etapas de la vida de un hombre, prestando especial atención a sus palabras para los «padres», que en este caso se refiere a los hombres maduros:

> Les escribo a ustedes, queridos hijos,
> porque sus pecados han sido perdonados por el nombre de Cristo.
> Les escribo a ustedes, padres,
> porque han conocido al que es desde el principio.
> Les escribo a ustedes, jóvenes, porque han vencido al maligno.
> Les he escrito a ustedes, queridos hijos, porque han conocido al Padre.
> Les he escrito a ustedes, padres,
> porque han conocido al que es desde el principio.
> Les he escrito a ustedes, jóvenes, porque son fuertes,
> y la palabra de Dios permanece en ustedes,
> y han vencido al maligno. (1 Juan 2.12–14)

Note cómo para los hombres maduros, los padres, la frase dedicada no cambia. De ellos, de los mayores, se dice dos veces lo mismo. Doy por sentado que esa repetición revela algo significativo. Aquí hay algo firme implicado, algo establecido e inmutable. Ellos son los que «han conocido al que es desde el principio». La forma verbal «han conocido» habla de algo que viene desde hace ya algún tiempo y de un conocimiento real, personal e íntimo, como un hombre conoce a su mejor amigo. «Al que es desde el principio» se refiere a Dios. Los padres son los amigos de Dios.

¿Cuántos reyes conoce usted que actúan como si *conocieran* a Dios, de la manera como los amigos se conocen mutuamente? Pocos y preciosos casos, según mi experiencia. He estado en cientos de reuniones ministeriales, juntas, encuentros de alto nivel entre líderes; he conocido a algunos empresarios de mucho éxito y en muy pocas ocasiones he conocido a un rey que actúa como un amigo de Dios. Para dar solo un ejemplo: muy rara vez se parará un líder en medio de una deliberación y dirá: «Preguntemos a Dios», y lo hace, justo en ese momento y lugar, y escucha, esperando oír a Dios (¿Conoce usted a alguno?). ¿Pero no debe ser esa una de las expresiones naturales de una amistad íntima con Dios, ese familiar volverse hacia él en las horas de cada día? Si él *está* ahí, ¿no querrá usted conocer sus pensamientos sobre el asunto que le ocupa?

Tal vez la debilidad más importante que todos los buenos hombres que ya actúan como reyes tienen en común es que no caminan con Dios. Han aprendido algunos principios sobre el liderazgo, poseen sus análisis de mercado, tienen sus propias opiniones, intentan gobernar solo mediante ellas. No son malos hombres por definición. Pero viven en un agnosticismo práctico, incluso los que tienen responsabilidades en la iglesia. Se lo aseguro, usted no podrá aprender académicamente todos los principios necesarios para enfrentar todas las situaciones que se encontrará. ¿Es momento de atacar o de replegarse? ¿Puede usted confiar en sus alianzas o son una trampa? ¿Es éste el momento de aumentar el reino o de trabajar para mejorar lo que ya tenemos?

Insisto en la amistad con Dios como algo esencial para un rey por dos razones. Primero, porque un hombre en autoridad se encuentra en la posición de causar o un gran bien o un daño terrible, y no poseerá la sabiduría para enfrentar cada situación. La humildad requiere volverse a Dios, y hacerlo con frecuencia. Recuerde, el corazón del rey está rendido a Dios: «Yo no he hablado por mi propia cuenta; el Padre que me envió me ordenó qué decir y cómo decirlo. Y sé muy bien que su mandato es vida eterna. Así que todo lo que digo es lo que el Padre me ha ordenado decir» (Juan 12.49-50).

Pero hay una razón más profunda todavía que la conveniencia. Es que el hombre fue creado para eso. Ser un rey y no conocer a Dios de manera íntima es como un hijo que se encarga de parte del negocio familiar pero nunca habla con su padre. Sí, estamos aquí para servir como reyes. Pero ese servicio no debe usurpar el lugar de nuestra relación con Dios.

Pero desde luego todo esto lo habrá aprendido, o lo va a aprender, cuando acepte de la orientación que sirve de premisa a este libro: su vida como hombre es un proceso de iniciación a la masculinidad, que le ofrece su verdadero Padre. A lo largo de este viaje, en todo lo acontecido al hijo amado, al *cowboy*, al guerrero y al enamorado, sea lo que sea lo que usted aprenda, aprenderá a caminar con Dios, porque él está caminando con usted.

Padre, haz que surja el rey en mí. Desarrolla en mí el corazón de un rey. Ayúdame a gobernar bien, en tu nombre. Enséñame a ser un buen rey, como Jesús. Ayúdame a gobernar adecuadamente justo donde estoy. Pero, por encima de todo, enséñame a vivir como tu amigo. Abre mi corazón a las formas en que me estás hablando y guiando. Muéstrame cómo cultivar una relación aún más profunda contigo. Enséñame a ser uno contigo, como Jesús. En todas las cosas.

8 El sabio

La gloria de los jóvenes radica en su fuerza, la honra de los ancianos, en sus canas.

—Proverbios 20.29

Nunca planeé ser escritor, fue algo a lo que me vi abocado. Cuando todavía era un hijo amado, como la mayoría de niños, no pensaba nada en qué sería de mayor, pero cuando lo hice, mi sueño era convertirme en Batman, luego en un *cowboy* como mi abuelo, después en un piloto de carreras. Cuando me hice cristiano, en torno a los diecinueve años, pensaba que tenía que ir al seminario y hacerme pastor, porque entonces sabía que quería entregar mi vida a Dios, quería cambiar el mundo (como joven guerrero que era) y el pastorado era la única clase de servicio cristiano que conocía. Muchísimos jóvenes han sentido lo mismo y han luchado con el hecho porque sus dones y deseos están en otros ámbitos. Durante muchos años, no tuve una idea clara de lo que hacer con mi vida.

Lo de escribir me surgió de improviso un día cuando me encontraba sentado con Brent tomando café y hablando de una serie de conferencias que estábamos desarrollando sobre *El sagrado romance*. Él dijo:

—Creo que deberíamos escribir un libro sobre todo esto. Creo que debe de haber personas a las que les gustaría oír lo que estamos diciendo.

—Oh, vamos, Brent —dije, no tengo tiempo para eso.

Estaba trabajando cuarenta horas de más cada semana *y* cursando un postgrado y dedicaba el resto de mi tiempo (no mucho) a Stasi y los chicos. Hubo una larga pausa, tras la cual dijo Brent:

—De acuerdo, está bien. Creo que deberíamos hacerlo, pero si no quieres... ¿por qué no lo piensas?

Me levanté y salí de la cafetería. Es curioso cómo nuestros destinos se activan en tan simples momentos. En el instante en que puse en marcha mi viejo Wagoneer del 71 ya había cambiado de opinión.

En los nueve años que han pasado desde entonces no he tenido un mentor formal para la escritura, he estado huérfano en esta hermosa, tremenda y solitaria vocación, llena de peligros. Pero el Padre me ha acompañado paternalmente, de muchas maneras conocidas e ignoradas, y me ha enviado a un sabio o dos justo en el momento adecuado. Para este libro, el sabio ha sido Norman.

Para entender cómo llegan a nosotros los sabios —por ejemplo, mi caso con Norman— debo describir primero mis maneras de escritor. Mi mañana comienza con un tiempo de oración conjunta. No es por ser muy piadoso, sino por pura necesidad; si no oro soy un inútil, perdido en la niebla. Le sigue el desayuno, después del cual me encargo de las necesidades urgentes que no se pueden dejar a un lado, resistiendo la tentación de contestar a todos los correos electrónicos o llamadas telefónicas. Normalmente me ocupa media hora. Luego me pongo a escribir todo el día. Mi lugar favorito para ello ha sido la buhardilla del granero de nuestro rancho, tan adecuada para el tema de este libro, y para cualquier otra cosa porque, como dijo Annie Dillard, escribir es como trabajar con un caballo salvaje. «Uno tiene que caerse y volver a montar cada mañana».

Pero, por desgracia, no siempre puedo estar ahí, ni siquiera la mayoría de veces, por lo que buena parte de este libro la he escrito en mi despacho de casa. Sea donde sea, antes de escribir hago dos cosas. Primero, reviso las palabras que Dios me ha dado antes de ponerme a escribir, o en el proceso de escritura, palabras y frases apuntadas en tarjetas. He hablado en otros lugares de lo importante que considero esto, que antes de embarcarnos en cualquier misión importante hemos de pedir a Dios palabras de consejo. «Palabras de anticipo» es como he llegado a llamarlas, y la razón para pedir *anticipo* es que con gran frecuencia, una vez comenzada la empresa, los árboles ya no nos dejan ver el bosque y suele ser mucho más difícil conseguir ponerlo todo en claro. Eisenhower decía que antes de la batalla, la planificación lo es todo, pero una vez comienza la lucha, la guerra es caos. Usted sabe que tiene razón.

Una de las palabras de *anticipo* de Dios fue *juntos*, como en «hagamos esto juntos». «Es el Padre, que está en mí, el que realiza sus obras» (Juan 14.10). Esto es, desde luego, de lo que trata todo este libro. Escribí en una de esas tarjetas una cita bíblica que recibí de Dios un año antes de iniciar este trabajo: «Ponte señales en el camino, coloca marcas por donde pasaste, fíjate bien en el sendero» (Jeremías 31.21). En ese momento sentía que debía tomar nota del versículo, pero no acababa de tener sentido para mí hasta que empecé este libro sobre las etapas de la travesía masculina. Entonces adquirió el impulso vibrante del Espíritu, como el que adquiere una flecha de su arco. Dios me regaló también una frase muy buena: *Los Evangelios no son exhaustivos*, porque eso le transmitió a mi temor que no lo estaba diciendo todo, que estaba dejando de lado temas cruciales en cada esquina. Pensé: *Es cierto, los Evangelios no se leen como un libro de teología sistemática*, y eso trajo descanso a mi corazón. He atesorado otras palabras de anticipo en mis tarjetitas blancas, pero no voy a cansarle con todas. Mi intención ahora es situarme en el tema del sabio.

Lo siguiente en mi proceso de escritura es sentarme y tomar un largo trago de la obra de algún escritor mejor que yo, para recordar lo que es escribir bien, para que penetre en mis huesos y me fortalezca, igual que cuando hace años solía observar a mi maestro esgrimir la espada de samurái antes de atreverme a empuñarla yo. Para este libro, Dios puso en mis manos (de manera más bien fortuita) una maravillosa obra de Norman Maclean, el autor de *El río de la vida*. Hacia el final de su vida —de hecho justo antes de morir— Maclean escribió otro libro, *El bosque en llamas*, una especie de novela del oeste y de detectives sobre el incendio de 1949 en Mann Gulch, Montana, que se cobró la vida de trece jóvenes bomberos forestales. Es magistral en muchos aspectos (el *New York Times* lo calificó como «un magnífico drama») y he aprendido mucho de su estilo, ritmo y prosa. El efecto de las palabras de Norman Maclean, su posición, su vida vertida en esas páginas son algo indescriptible.

Así, Maclean fue mi sabio para escribir este libro. Me senté a sus pies (es importante recordar que los padres y los sabios deben estar presentes, en persona). Maclean tenía setenta y cuatro años cuando comenzó a trabajar en *El bosque en llamas*, y eso fue esencial para lo que él llamaba su «filosofía contra el dedicarse a cosas de viejos», su defensa contra el dejarse apagar con la edad. Tras deshacerse de uno de los muchos obstáculos en su investigación, cuenta:

> Me senté en mi cuarto de estudio para explicarme, puede que hasta gesticulando, mi filosofía casera contra caer en actividades típicas de viejos, para saber qué hacer cuando ya había vivido más años de los que estipula la Biblia. Quería que esta posible extensión de la vida fuera tan difícil como siempre, pero también nueva, algo no hecho antes, como escribir historias. Eso seguro que iba a ser difícil y, para hacer que las historias fuesen algo fresco tendría que encontrar una nueva manera de contemplar las cosas que conocía de toda la vida, cosas como el estudio y los bosques.

Maclean tenía ya ochenta años cuando escribió esto —la investigación para el libro le tomó años de pesquisas— ¿y aun así quería hacer su vida más *difícil*? ¿Más *fresca*? Me deja perplejo. Ese es el punto en que la mayoría de hombres se retira a la ciudad de los jubilados, pasa los días en el bingo o frente a los documentales de la televisión. Maclean se embarca en un libro muy complicado, esperando en parte que eso «me salve de dar de comer a las palomas». Este es el corazón del sabio: realizar su mayor contribución con los últimos años de su vida.

Puesto que nunca antes habían muerto tantos bomberos forestales en un incendio, el de Mann Gulch fue inmediatamente objeto de controversia. Para cuando acabó de extinguirse, el gobierno de los Estados Unidos de América había «perdido» importantes pruebas. Maclean lo comentó con ironía al escribir: «Por supuesto, en ocasiones oculta cosas para salvar el pellejo y a veces parece que lo hace por simple diversión». Indagar en la verdad resultó ser algo agotador. Como nativo de Montana, Maclean realizó varios viajes a las escarpadas montañas del Mann Gulch, el último con setenta y cinco años. La temperatura en la ciudad de Helena era de 32 °C, y los expertos del servicio forestal calcularon la temperatura de Mann Gulch en casi 50 °C. «En mi camino de regreso temía que iba a sufrir un ataque de corazón. Antes de llegar a lo alto de la montaña, parecía más inmediata una muerte por deshidratación...».

La filosofía de Maclean para no convertirse en un viejecito cualquiera nos ha proporcionado una gran contribución para la literatura, para los que vieron truncada su vida por el incendio de Mann Gulch, y para el estudio y consiguiente prevención de los incendios forestales más devastadores. Su determinación también nos brinda, espero, una gran inspiración acerca del sabio. En unas notas que compiló para el prólogo de *El bosque en llamas* (libro de publicación póstuma, ya que Maclean entregó su último suspiro dedicado a esta obra) el viejo sabio escribe:

> El problema de la propia identidad no es exclusivo de los jóvenes. Es permanente. Es tal vez el problema por excelencia. Puede perseguirnos en la vejez y, cuando ya no lo hace, es que nos está indicando que estamos muertos. Conforme voy dejando bastante atrás la cuota bíblica de setenta años, siento con una intensidad cada vez mayor que puedo expresar mi gratitud por seguir vivo en la parte habitable de la cáscara del globo terrestre solo por no

seguir en sus ideas acerca de lo que hasta ahora he conocido y amado. Mientras dure el oxígeno, hay todavía cosas que amar, sobre todo si la compasión se entiende como amar.

La etapa

Como verá, solo he dedicado un capítulo al sabio. La humildad me obliga a ser breve en esto, porque no he vivido esta etapa y a lo largo de mi vida solo he conocido a unos pocos que lo hayan hecho. Por tanto, mis comentarios deben ser más de observación que de experiencia. Siempre que sea este el caso, debiera darnos descanso. Recuerdo ahora algo que leí del obispo de Oxford, Richard Harries:

> Una de las publicaciones religiosas más destacadas de este siglo fue el libro de sermones de Harry Williams titulado *The True Wilderness* [El verdadero desierto]. Este libro llegó al corazón de muchos porque, según la declaración del autor, llegó un momento de su vida en que ya no estaba dispuesto a predicar nada que no fuera real en su experiencia.

Este es el secreto de un mensajero realmente poderoso, quien puede influir, a quien Dios usará poderosamente. ¿Puede usted imaginar el resultado si cada pastor se comprometiera con esa declaración? Muchos hombres están demasiado dispuestos a ofrecer sus pensamientos respecto de temas en los que no tienen una experiencia personal real —*sobre todo* experiencias con Dios— y su «sabiduría» no está fundamentada en la realidad. Es teoría, en el mejor de los casos, algo más parecido a la especulación, sin probar ni comprobar. En el peor de los casos, se trata de ideas robadas. Esa confusión llena las estanterías de casi todas las librerías. El sabio, por otra parte, sabe de qué habla, porque habla desde su experiencia, de un amplio depósito de auto descubrimiento. Por eso dijeron de Jesús: «La gente se asombraba de su enseñanza, porque la impartía como quien tiene autoridad y no como los maestros de la ley» (Marcos 1.22).

Así pues, en lo que respecta al sabio, voy a ser breve.

Yo colocaría los inicios de la etapa del sabio en los últimos años del rey, en algún momento entre los sesenta y los setenta. Llega un momento en que el rey tiene que dejar su trono. Eso no significa fracaso, sino que ha llegado la hora de convertirse en un sabio y dejar a otro que sea el rey. Son demasiados los reyes que se aferran a su trono demasiado tiempo y literalmente desaparecen una vez que lo pierden. Eso indica que una parte excesiva de su identidad la estaban tomando de su cargo. Se irá haciendo patente en esta etapa que el «reino» de un hombre está menguando: deja su posición profesional, tal vez se traslada a una vivienda más pequeña o vive con unos ingresos fijos. *Pero*, su *influencia* seguirá *aumentando* en la práctica. No es el momento de mudarse a donde van los jubilados a «pasear por los centros comerciales», como lo describía Billy Crystal, «en busca del yogur suave de moda y refunfuñando "¿Cómo es posible que los chicos no llamen? ¿Cómo es posible?"». En este momento el hombre hace de mentor para los que están forjando la historia.

El arquetipo bíblico sería evidentemente Salomón, pero a menudo pienso en Pablo, escribiendo sus cartas desde la prisión. Rembrandt nos dio un maravilloso cuadro del viejo sabio, con la vela medio apagada, la cabeza descansando en la mano, con el codo sobre la mesa, escribiendo no sabemos qué. ¿Efesios? ¿Filipenses? ¿Colosenses? Me encantan en particular sus cartas a Timoteo, con el tono de un padre amoroso a su hijo, de un sabio a un joven guerrero y rey. El gran arquetipo mítico sería Merlín, sin el cual Arturo nunca habría sido rey (un rey necesita a un sabio, y una buena prueba de su humildad es si lo tiene o no y si lo escucha o no). C. S. Lewis resucita a Merlín en una de sus grandes novelas, *Esa horrenda fortaleza*, y el viejo celta se hace consejero de un remanente de cristianos en una desesperada resistencia contra un poder maligno que procura controlar el mundo. Lewis también nos trae también al doctor Cornelius, el medio enano mentor del Príncipe Caspian, y al Profesor, en cuya casa encuentran los niños el armario y por cuya sabiduría se libran de los corsés racionalistas y se lanzan al mundo de Narnia.

Sabiendo que es tan difícil encontrar un sabio, uno puede procurar su fuerza e inspiración durante un tiempo de los sabios que aparecen en libros y películas. Un clásico ejemplo es Yoda: «El miedo lleva a la furia, la furia al odio, el odio al sufrimiento». También tenemos al maravilloso viejo sacerdote de *El conde de Montecristo*:

—Esta es tu lección final: no cometas el crimen por el que ahora cumples sentencia. Dios dijo: «Mía es la venganza».

—No creo en Dios —replica Dantés.

—Eso no importa. Él sí cree en ti.

El sabio que rescata a Seabiscuit es el experimentado adiestrador de caballos Tom Smith, consejero del viejo rey Charles Howard y el joven guerrero Red. «No puedo evitar sentir que lo han fastidiado tanto haciéndolo correr en círculos que ha olvidado para qué ha nacido. Solo tiene que aprender a ser un caballo de nuevo».

Balian pierde a su padre antes de llegar a Jerusalén, pero no ha quedado solo. En ese momento entra un caballero, quien además es sacerdote, gracias a cuyo consejo Balian atraviesa el peligroso terreno político y religioso de Jerusalén durante las Cruzadas. Balian, incapaz de escuchar a Dios, le dice:

—Dios no me habla. Ni siquiera en la colina donde Cristo murió. Estoy fuera de la gracia de Dios.

—No he oído lo que has dicho —responde el compasivo sacerdote.

—De alguna manera, creo que he perdido mi religión.

—No me refiero a la religión. En nombre de la *religión* he oído las locuras de fanáticos de todo tipo que se consideran llamados por Dios. La santidad consiste en *hacer lo correcto*. Y en ser valiente de parte de los que no pueden defenderse. Y en la bondad. Lo que Dios quiere está aquí —dijo, señalando a la cabeza de Balian—, y aquí —señalando a su corazón—. Y según lo que decidas hacer cada día, serás un buen hombre. O no.

Finalmente, está Gandalf, el héroe que hay tras todos los demás héroes de *El señor de los anillos*. Todos miran a él: los jóvenes *cowboys*, los guerreros y los reyes. Creo que él es el secreto del éxito de la trilogía, porque encarna ese mítico anhelo que hay en el fondo de nuestros corazones por un verdadero sabio que ande el camino con nosotros. Él completa las etapas de la travesía masculina tal como se describe en esta aventura. Él es el primero que elige Elrond para la Comunidad del Anillo, «porque esta será su gran tarea, y puede que el fin de sus trabajos». Y cuando la Tierra Media ya está segura, Aragorn elige ser coronado por él: «Que sea Mithrandir (Gandalf) quien me corone, si quiere; porque él ha sido el motor de todo lo que hemos conseguido, y esta victoria es suya».

Proverbios dice: «La gloria de los jóvenes radica en su fuerza; la honra de los ancianos, en sus canas» (20.29). ¿Hasta qué punto es necesario el pelo cano (o cualquier clase de pelo, según algunos)? Todos los sabios que acabo de mencionar son de pelo blanco. Tal vez con la excepción de Yoda, cuyos tres pelos me parece que son verdes, y le salen de las orejas (eso puede servirles de consuelo, queridos mayores). ¿Puede un joven ser un sabio? Sí, hasta cierto punto. Salomón era rey cuando escribió Proverbios. Pero había recibido un extraordinario don de sabiduría de parte de Dios. Sin duda, Jesús fue un sabio, porque no hay enseñanza que se pueda comparar con su comprensión y compasión. Y tenía treinta y tantos años. Por tanto, sí, un joven puede ofrecer sabiduría, consejo, experiencia: por supuesto eso es lo que he intentado en este libro.

Y con todo... hay algunas cosas que no podemos conocer o entender hasta que hemos pasado la cantidad de años que delatan las canas. Pongamos que va usted a la guerra en Medio Oriente. ¿Preferiría usted pasar una hora con un joven oficial de West Point, alumno destacado de su clase, autor de una disertación sobre conflictos de Medio Oriente, o querría mejor pasar ese tiempo con Norman Schwarzkopf? Con esto está todo dicho. Así como usted no quiere que un joven se convierta en un rey demasiado pronto, no querrá que se presente como sabio antes de tiempo, tenga las credenciales que tenga.

¿Qué es lo que ofrece el sabio?

Vivimos en una cultura de *expertos*, algo tan arraigado en nosotros que no lo cuestionamos. Los vertiginosos avances en ciencia y tecnología —cada vez más agudizados y con más impulso— están ahora al alcance de cualquiera que esté conectado a la Internet. Si nuestro doctor nos da noticias graves, con toda naturalidad buscamos una segunda o tercera opinión de especialistas. Los negocios contratan consultores, expertos, para mantenerse por delante de sus competidores, y las iglesias también han enganchado al carro. Eso ha llegado a ser uno de nuestros supuestos compartidos, esta «búsqueda del experto». Me pregunto si no es esa en parte la razón por la que no entendemos o reconocemos al verdadero sabio. En los círculos empresariales los expertos son a veces llamados sabios.

Son extremos opuestos.

La diferencia entre un sabio y un experto es semejante a la que hay entre un enamorado y un ingeniero. Para empezar, el ser experto casi nunca tiene nada que ver con caminar con Dios, de hecho puede alejarnos de él. Porque la pericia del experto nos da la seguridad de que tiene el asunto bajo control, y que nosotros también lo tendremos tan pronto como pongamos en él nuestra confianza. Por eso los queremos. «La razón de que su iglesia no esté creciendo es porque ustedes no se están promocionando adecuadamente ante sus posibles clientes». En un nivel humano, eso puede ser cierto, puede producir algún resultado. Pero ¿no sería mejor preguntarle a Dios por qué no está creciendo la iglesia? La psicología del experto se acerca muchísimo a la de la Torre de Babel. «Ahora lo tenemos todo bajo control. Nuestra pericia nos ha dado poder sobre nuestros destinos». Y sabemos cómo se siente Dios ante eso.

Por supuesto, no hay nada malo en ser experto, en el hecho en sí. Yo sería el primero en buscar al mejor cirujano cardiólogo del país si mi hijo tuviera que operarse del corazón. Y con todo ¿por qué parece que tenemos tan pocos sabios entre nosotros, hasta el punto de que solo los conocemos por historias como las que he citado? ¿Es porque no existen o tal vez porque nuestra veneración por los expertos ha puesto al sabio al margen? ¿Qué vamos a hacer con el pasaje que dice: «todo lo que no se hace por convicción es pecado» (Romanos 14.23)? Si ponemos nuestra esperanza y confianza en cualquier cosa aparte de Dios, sea lo que sea, es pecado. Dada la inexplicable renuencia de la humanidad a confiar en Dios y la casi ilimitada capacidad para confiar en cualquier otra cosa ¿se da usted cuenta de cómo la cultura de «ser experto» contribuye a nuestro alejarnos de Dios, a pesar de todos nuestros argumentos?

El sabio, por su parte, se comunica con Dios. La suya es una existencia enteramente diferente y muy superior a la vida del experto. Dé el consejo que dé, le conducirá a Dios, no a la autosuficiencia. Oh, sí, el sabio tiene sabiduría, recabada tras años de experiencia, y esa sabiduría es una de las grandes cosas que ofrece. Pero ha aprendido a no descansar sobre su sabiduría, sabiendo que a menudo Dios nos pide cosas que parecen contrarias a la intuición, y por tanto su sabiduría (y pericia) están plenamente sometidas a su Dios. La humildad puede ser una de las principales líneas divisorias entre el experto y el sabio, porque el sabio no cree serlo. «¿Te has fijado en quien se cree muy sabio? Más se puede esperar de un necio que de gente así» (Proverbios 26.12). Por eso es posible que sin saberlo tengamos un sabio a la mesa, porque él permanecerá en silencio mientras los «expertos» parlotean sin parar.

Los expertos impresionan. El sabio nos dirige hacia Dios. Ofrece un regalo de presencia, la riqueza de un alma que ha vivido mucho tiempo *con Dios*.

Hace años algunos colegas míos —éramos jóvenes guerreros— estaban tramando una especie de derrocamiento del mal rey bajo el que servíamos. Tuvimos una reunión en el sótano de un restaurante alemán para poder hablar en privado con un sabio que accedió a encontrarse con nosotros. Rodeados de paredes de piedra, en la bodega, hablando de la revolución: aquello parecía una reunión de la resistencia francesa, o de Lutero con sus compañeros en vísperas de la Reforma. El sabio, ahora estoy seguro, vio claramente nuestra ingenuidad y todas nuestras carencias. Pero era amable e inmensamente paciente con nosotros, sin apresurarse a señalar nuestros muchos errores. Más bien, recuerdo que nos ofreció *esperanza*. «Tal vez lo que Dios ha querido con todo esto es juntarlos a ustedes». Una palabra sabia, que evitó la revolución, pero nos otorgó dignidad y esperanza.

Puede que no tenga usted un sabio cerca, pero puede buscarlo más lejos.

Cuando el ministerio que iniciamos en el 2000 empezó a despegar como un caballo salvaje, me encontré desesperadamente necesitado de consejo. Fui a ver a un reconocido pastor, cuya humildad voy a respetar omitiendo su nombre. Nos sentamos en un café mientras yo le acribillaba a preguntas sobre el crecimiento de su ministerio y cómo lo había manejado. Dijo: «Desde luego, mi gozo es hacer esto.

Pero Dios me ha pedido que haga ciertas cosas que yo no quería, y con todo las he hecho porque el reino lo necesitaba». Este era el umbral que yo tenía que atravesar: aceptar la carga de convertirme en un rey, una carga que yo no quería pero que sentía que Dios me estaba pidiendo que cargara. Y aunque el consejo de este viejo santo me fue inmensamente útil, había algo más que recibí durante nuestras dos horas, algo que hoy todavía me cuesta describir. Sentarse junto a un hombre que ha caminado con Dios más de setenta años, estar en la presencia de un padre, tener los ojos de un sabio y amable hombre fijados en los míos, tener su corazón dispuesto a ofrecerme su afirmación y consejo: esa es la comida que el alma del hombre ansía. Todos mis años de soledad y orfandad se me presentaban en agudo contraste con aquello. Era algo para llorar.

Y están los sabios que he contemplado, quienes siguen transmitiendo por sus obras. Hace dos años me pidieron que participase en una conferencia en el Noroeste y, aunque casi nunca accedo a cosas así, sentía que Dios quería que fuese. Mi rechazo se debía en parte a mi apretada agenda, pero más a mi sensación de que estaría como un pez fuera del agua, que habría algunas diferencias importantes entre mis convicciones y las de los organizadores de la conferencia. Cuando dejé la casa camino al aeropuerto, tuve la sensación de que el Espíritu me movía a llevar conmigo el libro de George MacDonald *Unspoken Sermons* (varias veces citado en este libro). La santidad que plasma en sus páginas es... preciosa. Lo mejor que he encontrado.

Como me temía, la conferencia se reveló como un tremendo desafío para mí, al menos en mi vida interior y en las decisiones que casi a cada momento debía tomar para caminar en integridad y santidad. En la atmósfera se podía palpar el éxito religioso (el más peligroso de los éxitos) y, aunque sabía que algo estaba mal, no sabía muy bien qué era. Regresé a mi habitación y tomé el MacDonald, abrí por una página cualquiera y encontré allí un ancla, una integridad indomable, un llamado a algo superior. Este pasaje en concreto me salvó: «En cuanto se hace (cualquier) servicio por causa del honor y no por el servicio, el que lo hace está en ese momento fuera del reino». Me pinchó, pero su pinchazo fue muy bueno, porque hizo que comprobara mi propia motivación en todo aquello.

Espero que haya usted tenido la oportunidad de sentarse en presencia de un genuino sabio, porque entonces sabrá que hay algo indescriptible en lo que aporta un hombre experimentado con su presencia. Es más que mera sabiduría, más que experiencia. Es el peso de muchos inviernos.

Regreso a la resolución de Maclean de vivir su vida en plenitud, hasta el fin. «Hay todavía cosas que amar, sobre todo si la compasión se entiende como amar». Compasión, hermosa palabra. Cuando pienso en los sabios que he conocido y amado me doy cuenta: *Sí, eso es, en eso parece basarse el consejo de un sabio. Es su compasión.* Hay algo en un hombre que ha vivido toda una vida lleva con él que no puede aprenderse de alguien más joven, por muy inteligente que sea. La riqueza de su experiencia es parte esencial de ese algo. Pero creo que notará usted cómo los verdaderos sabios ofrecen la sabiduría que han ganado por la experiencia con una característica humildad y ternura, una bondad que creo que se describe mejor como compasión.

Es una cuestión de presencia. Un sabio no tiene que ser escuchado, como sí podría ser con el guerrero, no tiene que gobernar, como el rey. Hay sitio en su presencia para usted, sea cual sea su identidad y su situación. Hay comprensión. No hay agenda, ni nada que perder. Lo que ofrece, lo ofrece con bondad y discreción, sabiendo por instinto quién tiene oídos para oír y quién no. Por eso sus palabras se ofrecen en la medida adecuada, en el momento justo a la persona idónea. Él no le inquietará con cosas que usted no necesita saber, ni le cargará con cosas que no son para que usted las cargue, ni le avergonzará exponiéndolo a defectos que usted no está preparado aún para vencer, hasta que lo vea preparado. Porque es sabio y compasivo.

Sin desarrollar y herido

El corazón de un sabio sigue *sin desarrollarse* cuando un hombre ha sido un necio la mayor parte de su vida, ya sea por haberse negado a emprender el viaje o por no haber querido aprender de la travesía realizada. Esta persona puso su objetivo en otros valores: éxito, normalmente entendido como placeres, o seguridad, para referirse al camino con menos resistencia. Este es el hombre que emplea su edad dorada sacando de paseo a su perro o jugando al golf. El necio puede haber visto muchos abriles, pero no parece que le haya servido más que para cansarse o volverse un cínico. La Escritura describe al necio como un hombre que no desea someterse a la sabiduría, alguien que rechaza recibir enseñanza de todo lo que la vida le enseña. «El necio desdeña la corrección de su padre» (Proverbios 15.5). Tristemente, hay muchos necios de avanzada edad, como sabrá cualquiera que haya pasado tiempo en el Congreso, en la universidad o en las entrañas de la burocracia religiosa. Las canas no implican ser un sabio. Seguro que ya lo habrá visto.

El corazón del sabio resulta *herido* cuando se le menosprecia como algo obsoleto, demasiado viejo como para tener nada que aportar. Recuerdo una frase que oí hace años, referida a los hombres que condujeron la iglesia de principios del siglo veinte: «Hombres de ayer». En aquel momento me gustó la frase. Como joven guerrero que reclamaba su momento, algo en mí decía: *Así es, estos tienen que echarse a un lado. Ya es nuestro turno.* Mirando hacia atrás, me arrepiento de mi arrogancia. A día de hoy, veinte años después, aborrezco aquella expresión. Necesitamos más hombres entre nosotros que hayan vivido el ayer, que lo hayan visto y conquistado, que hayan aprendido de él. Los jóvenes guerreros no sabrán apreciar a veces a las vidas de los mayores porque no vienen de «mi generación». Por eso está el adagio de los años sesenta: «No confíes en nadie de más de treinta años».

Los reyes inseguros suelen tener en poca estima a los mayores de su entorno, los envían a una jubilación prematura, amenazados porque los de más edad saben más que ellos. Nuestra cultura occidental de progreso ha minusvalorado a los ancianos durante años, porque hemos venerado la adolescencia. Nuestros héroes son los jóvenes y guapos. Los «campeones». Hemos idolatrado la adolescencia porque no queremos madurar, nos negamos a pagar el precio de la madurez. Por eso tenemos ahora un mundo lleno de hombres sin iniciación. Así pues, el corazón del sabio resulta herido cuando es tenido en poco, o enviado al exilio, a cualquier «paraíso del jubilado», que viene a ser lo mismo. Nadie parece querer lo que él ofrece y acaba creyendo que eso es porque no tiene nada que ofrecer.

Al menos eso es lo que yo he observado. Seguro que hay otras formas en que se hiere al sabio, y voy a buscarlos para hacer que me las cuenten. Porque, hermanos, tenemos que salir a buscarlos.

Hacer sugir al sabio

El mayor regalo que puede usted hacerle a un sabio es sentarse a sus pies y hacerle preguntas. Recuerdo cómo a mi abuelo materno se le iluminaba el rostro cuando yo le pedía su opinión sobre *cualquier* cosa, o que me contara sus batallitas. Mi abuela y él —irlandeses católicos los dos, apasionados y vehementes en sus opiniones, con cierto gusto por el *whisky* irlandés— vivían en un pequeño apartamento, solos buena parte del tiempo y, después de cincuenta y cinco años de matrimonio, habían alcanzado una especie de coexistencia pacífica; porque normalmente mi abuela no quería escuchar la opinión de él sobre ningún asunto. El abuelo era un profeta sin honra en su propia casa. Cuando yo llegaba en verano se le alegraba la cara, parecía rejuvenecer veinte años y caminaba más rápido, además de hablar con entusiasmo, gesticulando mucho, porque tenía un discípulo con ganas de aprender.

Es importante preguntarles porque, en su humildad, el sabio no se ofrecerá si no se le pide. También es importante que preguntemos porque muchas veces el propio sabio no es consciente de todo lo que sabe. Lo que removerá su alma serán las *preguntas* y recuerdos, como vuelven a arder las brasas humeantes cuando se atizan. Así podemos ayudar a que salga el sabio.

Ahora bien, para los jóvenes, no se preocupen mucho por esta etapa, llegará a su debido tiempo. En su juventud, haga el propósito de tomar los menos atajos posibles. Aprenda las lecciones. Tome nota de todo lo que Dios le está enseñando. Sométase al viaje. Estudie las Escrituras. Vaya con los sabios, a vida o muerte, porque así es como nosotros también nos hacemos sabios.

En cuanto a ustedes los mayores, si el sabio no se ha desarrollado en ustedes porque no han emprendido ustedes el viaje o no han tomado nota de la travesía, bueno, más vale que se pongan a trabajar con ahínco, porque el tiempo vuela. En este momento ya no tienen tiempo de volver atrás y reunir las muchas experiencias que necesitan, sería mejor caminar cerca de Dios y dejarle que nos indique qué es lo que tenemos que aprender ahora. Algunos de ustedes necesitan ser un Hijo Amado. O tal vez un enamorado. Lo más sabio que pueden hacer es buscar la comunión con Dios que la edad y la gran cantidad de tiempo disponible ahora les permiten. El niño conoce a Dios como Padre, el *cowboy* conoce a Dios como Aquel a quien inicia, el guerrero conoce a Dios como el Rey que él sirve, el enamorado conoce a Dios como Aquel de la intimidad, y el rey conoce a Dios como su Amigo de confianza. El sabio tiene una profunda *comunión* con Dios. Es un hombre, según la descripción de Crabb, que vive a la orilla del cielo.

Si algunos de ustedes, hombres mayores, han sido heridos o menospreciados: ¿han jurado no volver a ofrecer su aportación? He visto algo de lo extremadamente doloroso que esto puede resultar. Busque el consuelo y la sanidad que Cristo ofrece. Deje que su corazón sea restaurado, lo *necesita*. Pese a sus heridas, le insto a que se ofrezca. Necesita usted ofrecer su aportación. Decídase, como hizo Maclean, a vivir y ofrecer. Esa es también la historia de George

MacDonald, un profeta para la mayoría de despreciados y desechados de su época. Su iglesia se deshizo de él porque no cuadraba entre ellos con su teología centrada en el corazón y en la verdadera santidad. Sus libros no se vendieron muy bien. Su salud también se resintió. Uno de sus mejores libros es, en mi opinión, *Diary of an Old Soul* [Diario de un alma anciana]:

> Señor, lo que una vez hice con juvenil vigor,
> Fiel a la verdad desde el principio,
> Permíteme hacerlo en esta mi vejez, con mejor visión
> Y más humilde corazón, aunque sin la mente joven;
> Concede, en tu bondad y verdad,
> Regresar a esta vieja alma, por la senda del dolor,
> Camino de sus mejores obras:
> Jóvenes los ojos, el corazón y la mente.

No soy el único que le agradece profundamente su obra. Gran parte de lo que hemos recibido de C. S. Lewis es fruto de la decisión de MacDonald, porque él fue el primero que obró como una especie de mentor para Lewis, por medio de sus escritos. En el espíritu de la oración de MacDonald, ¿para qué actividad o trabajo le pediría fuerzas a Dios? ¿Qué hay en su corazón? Recuerde: «El problema de la propia identidad no es exclusivo de los jóvenes». Considérese un sabio y pregúntese: «¿Cuál me gustaría que fuese mi principal contribución?». El poder y la fama son los más elegidos. Deje que sean los reyes quienes lleven esa carga. Su identidad no está en eso. Lo que necesitamos es su corazón y la vida que usted ha vivido. No se desvanezca.

Lea *Tuesdays with Morrie* [Los martes con Morrie], la historia de un hombre joven y un sabio, y después pregúntese: «¿Cómo puedo ofrecer yo eso?». Hay muchos jóvenes huérfanos ahí fuera, encuentre la manera de atraerlos. Imparta una clase. Recorra con ellos este libro (contando con que ya habrán leído *Salvaje de corazón*, que es donde deben comenzar). Comience con unas partidas de cartas e invite a cuatro hombres. Llévese algunos a pescar o a la montaña. Llame a los más jóvenes de su familia que viven lejos y construya relaciones con ellos. Póngase *disponible* y ya llegarán las preguntas. Ofrézcase a un rey que usted conozca: su pastor principal o el de jóvenes, un misionero en el extranjero con quien mantenga correspondencia o un joven empresario. Colabore con la junta de su iglesia o con la de la escuela local. Tome papel y lápiz. Cuente su historia. No es la hora de dar de comer a las palomas. Piense en lo que dijeron de Gandalf: «Esta puede ser su obra más importante y tal vez la última que haga».

Padre, te necesito ahora y hasta el fin de mis días. Te ruego que hagas crecer al sabio que hay en mí. Ayúdame a ser un hombre de genuina sabiduría y compasión. [Para ustedes, jóvenes] Muéstrame a los sabios que tienes para mí, estén vivos o no. Ayúdame a encontrarlos y sentarme a sus pies. [Para ustedes, mayores] Muéstrame qué hombres y mujeres necesitan mi consejo y cómo puedo llegar a ellos. Háblame, Padre, aviva el fuego de mi corazón. Dime en qué puedo contribuir y acompáñame como padre para hacerlo de todo corazón.

9 Obremos con intención

Me has dado a conocer la senda de la vida

—Salmos 16.11

Toda iniciación masculina es en última instancia espiritual. Las pruebas y desafíos, los gozos y aventuras están todos diseñados para despertar el alma de un hombre, llevarlo al contacto con lo masculino de su interior, del interior de otros, del mundo y de Dios como Padre. No distingo entre llevar a un niño o a un hombre a una aventura y, por ejemplo, enseñar a ese hombre a orar. La aventura, en su perspectiva correcta puede ser una poderosa experiencia de Dios. Y la oración o el estudio bíblico, en su perspectiva correcta, han de ser lo mismo. La mayoría de chicos y hombres comparten la idea de que Dios se encuentra en la iglesia y lo demás de la vida es… eso, lo demás de la vida. Es la vieja herejía gnóstica, la división de lo sagrado y lo profano. La tragedia que conlleva es que el resto de cosas de la vida se les presenta con mucho más atractivo que la iglesia, y por tanto Dios parece ausente e incluso opuesto a las cosas que les alegran la vida.

Pero, como cristianos, creemos que Dios también tiene que ver con el mundo físico, que ama su creación como nosotros, pues por algo dijo que era «buena en gran manera» (Génesis 1.31), que nos habla y enseña muchas cosas a través de ella. Hemos perdido a muchos chicos y hombres de la iglesia porque les hemos transmitido una espiritualidad indescriptiblemente aburrida, dando a entender que Dios está más interesado en cosas como los himnarios y los bautisterios. Hemos reducido lo espiritual, lo hemos hecho beatería, lo hemos esquilmado y afeminado. Pero la mayoría de historias bíblicas de hombres que se encuentran con Dios no se produce en la iglesia. Moisés lo encuentra en el desierto, en una zarza ardiente. Jacob lucha con Dios también en el desierto, a las puertas del alba. David escribió la mayor parte de sus salmos bajo el cielo estrellado. Pablo se encuentra con Dios en el Camino *entre* Jerusalén y Damasco. Casi todas las historias de Jesús con sus discípulos se producen fuera del contexto congregacional, hasta en las afueras en vez de adentro de edificios o casas.

Tenemos que recuperar el estado natural de la espiritualidad, sobre todo en la espiritualidad masculina.

Digo esto porque sé que muchos de mis lectores han pasado buena parte de su tiempo en la iglesia y quieren saber «¿Dónde está la Biblia en todo esto? ¿Qué pasa con el discipulado para niños y hombres?». Es una pregunta que confirma mi tesis: hemos perdido una perspectiva noble de la tierra y de cómo Dios la usa para discipularnos —es decir, para prepararnos, desarrollarnos y hacernos santos— y hemos perdido también el estado natural de la espiritualidad masculina.

Debemos colocarnos en situaciones que nos sirvan de impulso en nuestro viaje. Gran parte de nuestra vida cotidiana es pura rutina, y la rutina es por naturaleza *entumecedora*. Deshágase de ella. Basta. Este año no he tenido mi tiempo con Dios en la montaña y, no solo lo he añorado, sino que puedo decirlo: mi corazón no está en el mismo lugar que si hubiese tenido ese tiempo; me falta algo. El depósito está medio vacío. La conexión está un poco estropeada.

Dios honra que como hombres obremos con intención. Aunque el organizará buena parte del viaje, nos pide que también tomemos parte, que *participemos*. Pida, busque llame, como exhortan las Escrituras. He introducido a Blaine en muchas cosas, porque es joven y está aprendiendo. Pero yo no espero a que otro me introduzca a mí. Aunque uno se sienta muy joven por dentro, y a veces nuestro Padre es compasivo con esas situaciones, uno sigue siendo un hombre y como tal será tratado por Dios. Obre con *intención* en lo referente a su propia iniciación a la madurez masculina, con toda la intencionalidad con que obraría para con sus hijos, con toda la intención con que espera que Dios obre en usted. En este deporte no caben espectadores.

No temor

Estacionamos el auto en el inicio de la senda de Spanish Creek y comenzamos a prepararnos, comprobando a conciencia las mochilas, los aparejos de escalada, amarrando los cascos, llenando las cantimploras, riendo nerviosos al comentar lo que estábamos a punto de acometer. Dije: «Hay dieciséis kilómetros hasta el campamento base, con un ascenso de unos mil ochocientos metros, así que debemos cuidar nuestro ritmo. Me han contado que es brutal». Nuestro equipo estaba compuesto por Gary y su hijo de catorce años, Nick, Blaine y yo, y John Patten, un viejo y experimentado escalador que conocimos en uno de nuestros retiros. Cuando se me ocurrió que la gran escalada podría ser el punto culminante del año de Blaine, le pedí a John que fuese nuestro guía. Ha conducido más de treinta excursiones por el Grand. Pero ese era solo uno de los muchos giros divinos que dio esta historia. No nos dirigíamos al Grand, sino al Pico Kit Carson, en las montañas Sangre de Cristo, en Colorado.

La elección se debió en parte a Blaine y en parte a Dios. El Grand es una montaña de tan gran belleza y el Exum Ridge una ruta tan excitante que pensé que también deberíamos acometerlos en el año de Blaine. Pero cuando planteé el tema, dijo: «Esa es la montaña de Sam, yo quiero escalar una mía». *Por supuesto. Seguro. Necesitas tu propia montaña.* Así que empezamos a buscar. Hay un sitio de la Internet sobre «Las escaladas clásicas de Norteamérica», que incluye el Denali, el Moose's Tooth de la Columbia Británica, el Devil's Tower, el Grand y docenas de montañas seleccionadas por su belleza, desafío y elegancia para la escalada. El Prow, en el Kit Carson, nos llamó la atención: una especie de aleta de roca que asciende unos trescientos metros con una vista espectacular, con unas posibilidades de escalada tan impresionantes como las del Exum Ridge, pero mucho menos frecuentado.

La víspera de la ascensión empecé a darme cuenta de lo que iba a hacer. John y yo habíamos dejado todos los aparejos en el suelo del salón, y estábamos repasando para asegurarnos de llevarlo todo.

Entonces fue cuando me invadió el estómago un sentimiento de desesperación. «Vamos a tener que ascender en dos equipos», dije. John asintió. Lo que estábamos viendo era que en una escalada de varias etapas, como el Prow, mientras el escalador guía sigue su camino hacia arriba, necesita que su compañero tras él escale hasta su posición después de un tramo y devuelva los aparejos que ha usado para asegurar la ruta, de manera que pueda volver a usarlos en el largo de cuerda siguiente. Si uno intentara llevar equipamiento suficiente para proteger una escalada completa de trescientos metros, tendría que cargar con treinta kilos. Y había que ir rápido.

Las tormentas eléctricas son comunes en Colorado en las tardes de verano, por lo que debíamos darnos prisa para coronar el pico y regresar antes de mediodía. La escalada en grupo podía ser algo incómodo. Teníamos que repartirnos. De repente comenzó a tener un nuevo sentido, como cuando uno paga sus impuestos y se da cuenta de que *pensaba* que había pagado bastante al gobierno pero se ve que no era así. Tiene una deuda inmensa. Al ser el segundo escalador más experimentado, tenía que dirigir uno de los equipos. Y, puesto que John iba a dirigir un equipo de tres, a Blaine y a mí nos pareció sensato que yo fuera primero, porque así nos moveríamos más rápido. Me lo estuve repitiendo en la cabeza: *Voy a tener que dirigir. Nuestro equipo tiene que ir primero.*

Casi en cada etapa de nuestra travesía masculina, hay que desmantelar algo en nuestro interior, y hay que sanar también. A menudo, lo que hay que desmantelar es el falso yo, la pose, y la manera de enfrentar la vida que hemos creado para sentirnos seguros en el mundo. Lo que normalmente hay que sanar es el temor y las heridas subyacentes, lo que alimenta sus supuestos. Mi invitación a John no fue más que un intento de evitar ser yo quien dirigiera la excursión. Es cierto, quería que toda mi atención estuviera disponible para Blaine. Pero pesaba más el hecho de que no sabía si sería capaz. Ahora lo sé. Lo que se estaba desmantelando en mí era mi compromiso para organizar la vida a mi manera, y sabía que Dios estaba en ello. Tenía ese sentimiento de inevitabilidad que uno experimenta cuando sabe que Dios se acerca. Lo que necesitaba sanidad era una vieja cuestión con el miedo.

La excursión al Kit Carson comienza en una meseta desértica: pinos piñoneros, enebros, cactus y calor. Debíamos de estar a más de treinta grados centígrados cuando partimos. Gracias a Dios, la pista cruza el Spanish Creek siete veces conforme se encamina por el cañón hacia las montañas. El agua suponía un alivio, incluso aunque los arroyos que atravesaban eran un poco peligrosos con las mochilas que cargábamos. En el ascenso se pasa por Cottonwoods y después se entra en un bosque de hoja perenne. Tras unos once kilómetros salimos del bosque a una magnífica vista del valle que se levanta ante nosotros. Y ahí, sobresaliendo de la cara sur del Kit Carson, estaba el Prow. El significado de su nombre —el espolón, la proa— da fe de lo que uno ve en ese momento: una gran masa de roca que parece que se adentra en el valle, con sus escarpadas paredes arqueadas hacia la montaña desde su borde más alejado, como la proa de un gran buque. Incluso desde kilómetros de distancia, se presentaba imponente.

Puedes hacerlo, me repetía, reiterando lo que Dios me había dicho cuando salíamos esa mañana. Mientras todos dormían en el auto, yo oraba: *¿Estás seguro de que esto es lo que hay que hacer? Es decir, nos exponemos a morir aquí.* El Padre dijo: *Puedes hacerlo*. Eso es todo. Dejé pasar unos minutos, esperando que dijera más. Pero era todo. *Está bien. Puedo hacerlo.* Manejamos en silencio un rato y luego pensé: *¿Quién es el que está recibiendo su iniciación aquí?*

Entre las cumbres y nosotros yacían, esparcidos por nuestro camino, cientos de árboles caídos, víctimas del incendio de hacía unos años y derribados en alguna tormenta. Seguimos nuestro camino entre ellos, pasándolos por encima o por debajo, durante dos horas. Una caminata agotadora. Perfecto. Se trata de una búsqueda, después de todo. Piense en *El señor de los anillos* o en *El reino de los cielos*, ¿hay alguna historia que transcurra fácilmente? Empezó a llover y aceleramos el paso hacia el campamento. Mientras preparábamos la comida en nuestras pequeñas cocinas de gas, hablamos una vez más del plan para el día siguiente y luego nos acostamos. Permanecí despierto hasta tarde, leyendo reportajes de excursiones en mi tienda, absorbiendo por quinta vez las descripciones de la ruta. Como si eso fuera a quitarme el miedo.

A la mañana siguiente, la niebla envolvía las cumbres mientras nos encaminábamos a la base del Prow. La niebla es preciosa, pero no conviene en un ascenso como este. Otros dos escaladores nos preguntaron si les dejábamos subir primero. Como aceptamos, nuestra escalada no comenzó hasta las diez de la mañana. No iba a ser posible hacer cumbre a mediodía y el tiempo estaba revuelto. «Mejor podríamos orar», dijo alguien. Y oramos, le preguntamos a Dios si debíamos ir o no. Este es el mejor discipulado, estas cosas de la realidad, cuando invitamos a los chicos a escuchar con nosotros. «Oigo un sí», dijo Gary. «Yo también», dijo Nick. John asintió. «He oído un sí», dijo Blaine. Lo mismo escuché yo, lo que solo podía provenir del Ganso Salvaje. Estábamos empezando con retraso en una escalada que no conocíamos, con un tiempo inestable. Perfecto.

Seguramente recuerda lo crucial que es para el guerrero la capacidad de endurecer su rostro como el pedernal, guardar su corazón y no exponerlo a nada. Ni al miedo. Si puede usted mantener la calma...

El Prow está formado por un tipo de roca llamado conglomerado, una especie de revoltijo de piedras grandes y pequeñas unidas por arcilla antigua. Es una maravilla para los asideros, pero es terrible para colocar las protecciones porque no tiene fisuras en la roca. Había leído sobre lo delicado de quedarse sin fuerzas en el Prow, el escalador que dirige tiene que ascender de doce a quince metros dejando atrás su última protección para encontrar una grieta en la que colocar un empotrado de agarre. La caída para el guía se multiplica por dos, es decir, cae el doble de la longitud de cuerda que le separa de su última protección, porque tiene que caer hasta ésta y seguir cayendo hasta que, como es de esperar, detenga su caída. Como dice en un libro para guías: «La naturaleza de esta escalada es muy clara en este punto. El escape y la protección son difíciles», o sea, no hay más salida que subir y, mientras se sube, encontrar lugares donde usar los aparejos que uno ha traído, resultan difíciles de usar. «Hay una caída tremenda en cada dirección, y la situación es cada vez más comprometida con cada largo de cuerda».

Blaine estuvo genial en todo. Nick y él mantuvieron el ánimo firme, encararon cada largo de cuerda con valentía, sin dejarse llevar por el miedo o la inseguridad en ningún momento. Cuando avanzó el día, podía ver tormentas de truenos formándose en el Valle San Luis. Oré para que no vinieran hacia nosotros. En torno al tercer largo de cuerda, empecé a tener calambres en las manos, los músculos parecían querer dejarlas cerradas. *No dejes entrar al miedo. Puedes hacerlo.* Tuve que detenerme y abrirme los dedos con fuerza para poder continuar la escalada, hacia la niebla que continuaba oscureciendo la ruta y el espacio entre Blaine y yo. Afortunadamente, teníamos radios para comunicarnos. Es decir, hasta que la mía se cayó en una cornisa.

Hicimos cumbre a las seis de la tarde, la hora en que según nuestros planes llevaríamos un buen rato de regreso en el campamento base y preparando la cena. Blaine y yo nos hicimos una foto y luego contactamos por radio con John.

—Es una escalada maravillosa —dije—. Te encantarán los últimos largos.

—Enhorabuena a los de la cumbre —respondió por radio—. Estaremos ahí tan pronto como podamos».

La escalada es una práctica maravillosa para vivir. Si opta por aceptar el riesgo, será precioso, excitante y peligroso. Sí, a veces parece imposible de superar. Eso es así con todos nosotros. Blaine me dijo más tarde que cuando empezó a subir detrás de mí en el primer largo de cuerda, tuvo que decirse a sí mismo: *Ya he hecho esto antes, ya he hecho esto antes. La única diferencia es la altura.* Gracias a Dios, la escalada, como la vida, nos llega dosificada. Uno no puede enfrentarse a la montaña toda de una vez, igual que no se puede crear un matrimonio de una vez. Uno hace el siguiente movimiento, comprometido con que ese es su único plan. Hay muchas cosas impredecibles, como el clima, la pérdida de la radio, la ruta desconocida. En muchas ocasiones en el Prow, Blaine y yo tuvimos que hacer lo que se conoce como «asegurar en marcha», cuando los dos escaladores están subiendo al mismo tiempo porque el punteador ha dado toda la cuerda posible y no ha podido alcanzar un buen punto de encuentro asegurado. Es algo inseguro, como la vida misma cuando tratas de vivirla en lugar de manejarla.

La escalada lo lleva a uno más allá de sus límites físicos y emocionales, como la vida misma. ¿Cómo si no vamos a descubrir que *hay* más para nosotros, que Dios es nuestra fuerza y nuestra vida? Y no siempre va bien. Yo he tenido que echarme atrás de muchas cumbres a causa del tiempo o la seguridad. Mi mejor amigo murió en un accidente de escalada. ¿Dejaremos que estas cosas nos detengan? Cuando su hijo murió en un accidente de montañismo, Nicholas Wolterstorff escribió:

> ¿Pero por qué tuvo que subir? ¿Qué había en esa montaña que le atrajese? Sospecho que solo los que practican la escalada pueden saberlo [...] Qué insulso sería si cada traspié, cada resbalón de la mano, no significara más que una caída de metro y medio en una pradera alpina. La amenaza es esencial para la excitación del objetivo alcanzado. (*Lament for a Son* [Lamento por un hijo])

Es cierto. Y hay algo en el hombre que responde a esa excitación.

Por último, en algún punto de nuestro viaje, se le pedirá que asuma la dirección, incluso aunque no se sienta con ánimo para ello. Puede usted optar voluntariamente o Dios puede obligarle. Parece que precisamente cuando sentimos que hemos comenzado a acostumbrarnos a una determinada etapa, nos llama a la siguiente.

Mis momentos preferidos con Blaine en el Prow fueron cuando nos sentamos cara a cara en una cornisa del tamaño de un banco de parque, con las piernas colgando sobre las docenas de metros de escalada y varios cientos sobre el suelo del valle. Estábamos asegurados y comimos un poco, animados por lo que habíamos hecho y por lo que íbamos a hacer.

> Antes de partir, una palabra sobre la enseñanza más seria que nos dan las montañas. ¡Mire hacia arriba a lo lejos! Vemos muy lejos la cumbre y no tarda en surgir la palabra «imposible». Pero el montañero dice: «Ni hablar. Sé que el camino es largo difícil, hasta peligroso. Seguro que sí. Buscaré la manera, consultaré con mis compañeros y sabré cómo llegaron a alturas semejantes [...] sabemos que cada ascenso, cada paso, hay que realizarlo con arduo esfuerzo y paciencia, y que el trabajo no se puede reemplazar con buenos deseos [...] y regresamos a nuestras ocupaciones diarias mejor preparados para vencer los impedimentos que obstruyen nuestro camino, fortalecidos y animados por la rememoración de anteriores trabajos y por el recuerdo de las victorias obtenidas en otros campos». (Edward Whymper, *Scrambles Amongst the Alps* [publicado en castellano como *La conquista del Cervino*]).

Nuestra vida *es* una búsqueda, hermanos, preparada por nuestro Padre para nuestra iniciación. Hay regalos en el camino para recordarnos que somos sus hijos amados. Hay aventuras para sacar afuera al *cowboy* y batallas para adiestrar al guerrero. Hay Belleza para despertar al enamorado y poder en beneficio de los demás para preparar al rey. Toda una vida de experiencia desde la cual hablará el sabio. El viaje masculino, recorrido durante milenios por hombres que nos precedieron. Y ahora, hermanos, el camino nos llama. Recuerden:

> No los voy a dejar huérfanos; volveré a ustedes [...] El que me ama, obedecerá mi palabra, y mi Padre lo amará, y haremos nuestra vivienda en él. (Juan 14.18, 23)

> Puesto que somos los hijos de Dios, debemos llegar a ser los hijos de Dios. (George MacDonald)

EPÍLOGO ¿DESDE AQUÍ ADÓNDE VAMOS?

CUANDO EL PUEBLO DE DIOS ESTABA A PUNTO DE ENTRAR en la tierra prometida, listos para seguir adelante con su viaje, Moisés advirtió: «¡Pero tengan cuidado! Presten atención y no olviden las cosas que han visto sus ojos, ni las aparten de su corazón mientras vivan. Cuéntenselas a sus hijos y a sus nietos» (Deuteronomio 4.9). El experimentado viejo sabio conocía bien la naturaleza humana, lo olvidadizos que somos, el desastre que supondría para ellos perder las enseñanzas que Dios había estado enseñándoles. Es una advertencia que resuena a través de los siglos. No olviden. No las aparten de su corazón.

Hay *demasiadas* cosas que van en contra de que un hombre consiga el avance necesario en su vida, y que se aferre a él una vez conseguido. Vivimos en un mundo en guerra, pero gran parte de la lucha es tan sutil que no solemos ver sus peligros hasta mucho después de haber caído presa de ellos. El carácter tan ocupado de nuestra cultura, las distracciones, la forma en que la Iglesia va de una moda a otra. Todo ello se junta para robarle al hombre las cosas que necesita retener. Por eso les exhorto: *quédense con esto*. La travesía masculina es la misión principal de su vida.

Déjeme brindarle unos consejos para su viaje ahora. Cuando Brian, mi editor, estaba trabajando con este libro, me contó que tuvo que leerlo por segunda vez para empezar de veras a captar todo lo que hay escrito aquí. Así que lo mejor que usted podría hacer ahora es volver a leerlo. No es posible que haya recibido todo lo que Dios tiene para usted en una lectura. El ámbito de aplicación del viaje es tan grande, y nuestras necesidades de sanidad e iniciación tan abundantes, que no puede percibirlo todo de una vez. Mejor todavía, reúna a un grupo de amigos y conviértanse en «hermanos de armas».

¿Y luego qué? Visite Ransomedheart.com y encontrará muchas herramientas y mapas para iniciar su viaje, como nuestra serie de audio, *The Hope of Prayer*, y *The Utter Relief of Holiness*. Ofrecemos campamentos y retiros, y podcasts. Venga y continúe el viaje. [Estos recursos están disponibles en inglés]

Guárdese de la tendencia cultural de estar siempre ocupado y el deseo insaciable de «la próxima cosa». La cristiandad está llena de movimientos, pero no todos son de un mismo sentir. Siga el viaje que ha empezado aquí. No deje que se le pase. Claro, ahora sabe que siempre mi consejo primero y principal será, «pregúntele a Dios». Él sabe lo que usted necesita. Pregúntele lo que tiene para usted, qué amigos, qué aventuras, qué peleas, qué ayuda le tiene guardados. Sea intencional. «Porque todos los que son guiados por el Espíritu de Dios son hijos de Dios» (Romanos 8.14).

Reconocimientos

Mi más profundo agradecimiento a Samuel, quien me ayudó en la investigación para este libro; a Brian Hampton, cuyo esfuerzo como editor ha sido amable y brillante; a todo el equipo de Nelson que ha trabajado para hacerlo posible; a Curtis y a mis aliados Yates & Yates quienes protegen atentamente mi flanco; y a los muchos hombres cuyas vidas me han aportado el entendimiento y la esperanza que presento en este libro.